그런 당신이 좋다

그런 당신이 좋다

지은이 | 김숙경
초판 발행 | 2020. 3. 11
3쇄 발행 | 2025. 5. 9
등록번호 | 제1988-000080호
등록된 곳 | 서울특별시 용산구 서빙고로 65길 38
발행처 | 사단법인 두란노서원
영업부 | 2078-3333   FAX | 080-749-3705
출판부 | 2078-3331

책값은 뒤표지에 있습니다.
ISBN 978-89-531-3707-3 03230

독자의 의견을 기다립니다.
tpress@duranno.com   www.duranno.com

두란노서원은 바울 사도가 3차 전도여행 때 에베소에서 성령 받은 제자들을 따로 세워 하나님의 말씀으로 양
육하던 장소입니다. 사도행전 19장 8-20절의 정신에 따라 첫째 목회자를 돕는 사역과 평신도를 훈련시키는
사역, 둘째 세계선교(TIM)와 문서선교(단행본·잡지) 사역, 셋째 예수문화 및 경배와 찬양 사역, 그리고 가정·상담 사
역 등을 감당하고 있습니다. 1980년 12월 22일에 창립된 두란노서원은 주님 오실 때까지 이 사역들을 계속할
것입니다.

그런 당신이
좋다

오해를
이해로 바꾸는
부부의
마음 코칭

김숙경
지음

두란노

CONTENTS

김윤희

횃불트리니티신학대학원대학교 총장

"결혼이란 단순히 만들어 놓은 행복의 요리를 먹는 것이 아니라, 행복의 요리를 둘이 노력해서 만들어 먹는 것이다"라는 말을 들은 기억이 난다. 어떤 요리가 나오는가는 재료와 양념에 따라 달라질 것이다. 만든 요리를 함께 먹을 것인지 따로 먹을 것인지도 두 사람의 관계에 따라 달라질 것이다. 이처럼 결혼은 두 사람이 만들어 가는 것이다.

여기에 결혼을 맛깔나게 만들 좋은 재료와 양념을 제공해 줄 책이 나왔다. 이 책은 평생 행복의 요리를 함께 만들어 먹을 수 있는 방법을 알려 줄 것이다. 다 읽고 나면 행복의 요리를 함께 만들 준비가 잘되어 있는 자신을 보게 될 것이다. 결혼을 준비하는 분들, 결혼 생활이 생각보다 힘든 분들, 결혼을 더 풍요롭게 만들고 싶은 모든 분들에게 꼭 권하고 싶다. 읽고 서로에게 '그런 당신이 좋다'고 고백하라!

김태은

맘스라디오 대표

김숙경 소장님을 만났을 때, 처음 받은 인상은 언제든지 달려가 미주알고주알 털어놓을 수 있는 '친정 언니'였다. 오롯이 내 편이 돼 주면서도 솔직하게 해 줄 말은 다 해 주는, "그래. 그럴 수 있어. 그러니까 딱 이것만 기억해"라며 말해 줄 것 같은 친정 언니. 결혼 생활에 대해 가졌던 막연한 환상이 깨져서 두렵고, '이상과 현실'이 홍해처럼 갈라져 슬픔이 차오를 때마다 김숙경 소장님은 이 책을 통해 성경적인 결혼의 원리와 부부가 꼭 챙겨야 할 '사랑의 나침반'을 선물한다. 바로 '나 자신'을 아는 것부터 '상대방'을 이해하고 사랑하는 그 과정을 현실적으로 조언하고, 격려한다.

이 책은 '내가 이러려고 결혼했나?'라는 물음표를 가진 부부들에게 '아! 그렇구나!'라는 느낌표를 선물해 주는 실질적인 결혼 안내서다.

문희곤
높은뜻 푸른교회 담임목사

나는 청년들을 사랑하는 목사로서 주례를 참 많이 한다. 모든 결혼식에서 주례 사는 짧아야 다들 좋아한다. 그렇기 때문에 몇 마디의 말로 주례를 선다는 것은, 참 힘들고 만족스럽지 못한 일이다. "과연 나의 몇 마디 말이 이들에게 얼마만큼 의 영향력을 미칠까?" 하는 한계를 절감한다. 그런데 김숙경 소장님의 책을 읽고 는 그 대안을 찾게 되었다. 나는 주례를 조건으로 결혼예배학교나 이 책을 완독하 게 할 것이다. 결혼을 앞둔 사람뿐만 아니라, 이미 결혼한 이들에게도 꼭 다시 읽 히고 싶은 책이다.

연애 때는 과감하게 막대한 투자를 하다가 결혼 후에는 정작 아무것도 투자하지 않 는 이들이 많다. 그러다 보니 결혼 생활이 행복하지 않고, '성격 차이'를 이유로 헤 어지려 한다. 이런 사람들에게 정말 권하고 싶다. 이 책을 두 권 사서 부부가 동시 에 읽고 대화하면, 행복을 되찾을 것이다!

박재연
리플러스 인간연구소 소장

부부로 살아간다는 것. 그 선택이 순간적 느낌이 아니라 의지적 약속임을 우리는 알고 있었을까. 이 책은 순간적인 느낌의 사랑을 다루고 있지 않다. 의지적인 사 랑의 책임과 행위에 대해 무척이나 부드럽게 그리고 구체적으로 부부로서 맞이 하게 될 여러 어려운 문제들을 제시하며 섬세하게 알려 주고 있다. 저자는 자신 의 개인적인 이야기뿐 아니라 수많은 커플을 코칭해 온 경험을, 서로가 먼저 말하 기 어려운 부분들을 이 책을 함께 읽으며 나눠 볼 수 있도록 제시했다. 결혼한 부 부뿐 아니라 결혼을 앞둔 커플들은, 이 책을 통해 결혼이라는 현실적 생활을 어떻 게 준비해 가야 할지를 배울 수 있을 것이라 생각한다. 시작의 아름다운 감정이 살 아가면서 무르익은 정과 사랑으로 드러나도록 돕는 이 책을 크리스천 가정에 추 천하고 싶다.

연애와 결혼이 두렵고 힘들었던 나는 결혼 후 그 과정을 극복한 만큼 어려움이 없을 것이라고 생각했다. 좋은 가정을 이루고, 좋은 아내와 좋은 엄마가 될 것이라고 믿었다.

결혼 후, 나는 나 자신도 이해가 안 되는 상황에서 남편과 다른 성격, 가치관 및 자라 온 가정환경의 차이로 5-6년 정도 힘든 시간을 보냈다. 친밀해지고 싶은데 관계를 성장시키는 방법도, 갈등을 해결하는 방법도 몰랐기에 남편에게 제대로 표현하지 못한 채 자주 화를 내면서 살아왔다. 만일 그 시기에 결혼 생활 또는 부부 관계 안에서 일어날 수 있는 갈등의 요소에 대해 자세히 안내해 주는 책이나 건강한 부부 멘토가 있었다면 좀 더 다르게 살지 않았을까 생각해 본다. 그 후 가족 상담을 공부하고 나서 서로에 대한 이해로 관계가 편해졌으며, 웬만한 갈등은 소통을 통해 해결하게 되었다. 부부 관계가 더 좋아지고 친밀함이 생기면서 신혼 때 누리지 못했던 여유와 행복을 누리게 되었다.

자신과 배우자에 대한 이해와 소통을 통해 단절되었던 부부 관계가 회복되면서, 친밀하게 살아가는 모습을 수없이 보았기에, 부부들이 행복하게 살아가도록 돕고 싶었다. 결혼 강의 때, 부모님과 우리 부부의 사례를 오픈해서 나눌 때마다, 그 이야기들로 위로와 용기를 얻는 부부들을 보았다. 우리 부부와 현장에서 만난 부부들의 경험이 대부분 비슷하기에, 조금만 이해하고 인지가 되어도 두 사람의 관계가 좋아졌다.

부부들이 오해하는 게 있다. 자신들만 힘들고, 자신들만 해결하기 어려운 관계라고 생각하는 것이다. 하지만 다른 부부들도 비슷한 갈등이 있음을 알게 될 때 둘 사이의 관계가 좀 더 편해진다. 더 나아가 갈등의 원인을 알고 나면 대부분 충분히 해결할 수 있으며, 회복될 수 있다.

나는 부부들에게 소망을 주고 싶었다. 부부 관계는 회복이 가능하며, 부부가 다시 사랑으로 하나 될 수 있음을 알려 주고 싶었다. 그것은 나보다 주님이 더 원하시는 소망이다. 주님은 부부가 이기적이고 단절된 채로 살아가기보다, 서로를 향한 이해와 소통으로 하나 됨을 지켜 가기를 원하신다.

그 주님의 소망과 나의 간절한 기대로 책을 쓰게 되었다. 우리 부부의 경험과 10여 년간 코칭하고 상담하며 만난 부부들의 실제적인 이야기다. 부부들이 이해와 소통을 통해 갈등을 해결하고 관계가 친밀하게 회복되는 모습을 볼 때 기쁘고 감사하다. 부부가 회복되면 자녀들도 편안하고, 가정도 평안해진다. 가정에서 누리는 평안으로 세상을 살아갈 힘을 얻기에, 그만큼 부부 관계의 회복이 중요하다.

이 책은 크게 세 파트로 나누어진다. 첫 번째 파트는, 결혼 생활에서 가질 수 있는 환상을 깨고 실제적인 결혼 생활을 할 수 있게해 준다. 두 번째 파트는, 자신과 배우자를 구체적으로 알고 이해하며 소통할 수 있게 해 준다. 마지막 세 번째 파트는, 건강한 가정관을 통해 부부로서, 또 부모로서의 삶을 살아가도록 가이드를 해준다. 결혼을 준비하는 커플이나 결혼 생활을 하고 있는 부부들에게 있어, 두 사람이 방향을 잃지 않고 같은 방향으로 잘 걸어가도록 안내해 주는 인생의 나침반과 같은 책이 되기를 바란다. 우리부부의 진솔한 이야기와 상담했던 부부들의 동의하에 구체적인사례들을 담은 만큼, 실제적인 도움이 될 것이라 생각한다.

부부가 함께 읽고 나누면서, 서로에 대해 깊이 이해하고 갈등을해결할 수 있도록 돕는 지침서로 활용해 보자. 부부 데이트 때 읽고 함께 대화해도 좋다. 김숙경사랑연구소에서 제작한 '친밀톡&격려톡'과 '부부들을 위한 소그룹 워크숍 교재'도 함께 활용해 보자. 부모님들은 이 책을 읽고 자녀들이 건강한 결혼 생활을 할 수있도록 그들을 더 이해해 주시면 좋겠다. 그리고 청년들은 결혼준비 지침서로, 결혼을 준비하는 커플들은 결혼식보다 결혼 생활을 준비하는 가이드로 사용하면 좋겠다.

21년간 인내와 사랑으로 함께하며, 나의 성장과 발전을 누구보다 기뻐하고 지지하고 격려해 준 사랑하는 남편에게 고마움을 전한다. 또 우리 부부를 자랑스러워하고 좋은 부모라고 생각해 주는 아들 민서, 민준이에게 사랑을 전한다.

용서와 사랑을 선물로 주고 가신, 천국에 계신 아버지와 가정을 최선으로 돌봐 주신 어머니께 감사를 전하고, 이 책의 사례를 허락해 줄 정도로 회복되고 친밀해진 부부들에게도 감사를 전한다.

책이 더 빛나도록 일러스트로 디자인해 준 구이닝 대표 이용준 형제와 책을 잘 편집하고 사진과 디자인으로 함께해 준 두란노서원에도 감사를 전한다.

현재의 배우자를 소중히 여기고, 서로에게 "그런 당신이 좋다"고 말하며, 주님이 허락하신 인생의 여정을 함께 잘 완주하길 바란다.

2020년 3월
김숙경

결혼이
사랑의 완성이라고
착각했다

1.

결혼은
계약 관계가 아니라
언약 관계다

결혼은 계약 관계가 아니라 언약 관계다.
하나님과 우리와의 관계처럼 부부도 언약 안에서 서로 사랑의 관계를
맺어야 한다.

    많은 사람들이 결혼에 대한 막연한 환상을 갖고 있다. 환상이라는 단어의 뉘앙스가 그렇듯, 대부분의 환상은 밝고 긍정적이다. 화목하지 못한 가정에서 자란 사람은 화목한 가정을 꿈꾸고, 넉넉하지 못한 가정에서 자란 사람은 넉넉한 가정을 그린다. 하지만 환상이란 무엇인가? 환상의 사전적인 정의는 "현실적인 기초나 가능성이 없는 헛된 생각이나 공상" 또는 "어떤 사람이나 사실에 대하여 근거 없이 덮어놓고 좋게만 보는 태도"(국립국어원 표준국어대사전)다. 경험해 보지 않은 결혼이라는 미지의 세계를 덮어놓고 좋게만 보려는 태도는 결혼 생활에 독이 되면 되었지, 약이 될 수 없음을 알아야 한다. 결혼은 마냥 달콤하기만 한 사탕이 아니다.

결혼에 대한 잘못된 환상

결혼에 대한 잘못된 환상을 갖고 결혼 생활을 하다 보면 서로의 관계가 어려울 수 있다. 이 경우 부부 검사를 통해 결혼에 대한 이상이 얼마나 높은지를 확인할 수 있는데, 대개 이상이 높은 사람들이 결혼에 대한 환상을 갖고 있다. 둘 다 환상을 가져도 어렵지만, 한쪽만 가지고 있는 경우도 어렵기는 마찬가지다. 환상으로 인해 현실에 적응하기가 어렵기 때문이다. 그렇다면 결혼에 대해 갖는 잘못된 환상에는 무엇이 있을까?

우리 부부는 항상 행복할 것이다

이 질문에 대한 당신의 대답은 무엇인가? '그렇다'라고 답했다면, 당신은 결혼에 대해 환상을 갖고 있는 것이다. 부부는 항상 행복할 수 없다. 행복하지 않은 상황이 반드시 오게 되어 있다. 건강한 부부라면 행복하지 않더라도 그 상황을 견딜 수 있어야 한다.

행복은 지극히 주관적이다. 개인마다 행복을 느끼는 상황이 다르다. 따라서 결혼은 행복을 위해 하기보다는 서로의 성장과 서로를 위한 헌신을 위해 해야 한다. 내가 행복하지 않다고 해서 결혼을 깨뜨려서는 안 된다. 그런 순간에도 성장할 수 있도록 노력해야 한다. 상대를 위해 헌신하고 섬길 수 있어야 한다.

부부 사이에 갈등이 없기를 바라는가? 세상에 갈등이 없는 곳은 무덤뿐이다. 그만큼 사람 사이에 갈등이 생기는 것은 당연한 일이다. 갈등은 나쁘거나 잘못된 것이 아니라, 다름을 인식하고 해결을 원하는 상황이다. 이때 두 사람이 해결할 수 있는 갈등이 있고, 두 사람의 힘으로는 해결할 수 없는 갈등이 있는데, 어려운 갈등은 전문가의 상담을 받으며 해결해 가면 된다. 물론 하나님을 신뢰하며 기도할 때 하나님은 우리의 모든 어려움을 해결해 주실 것이다.

우리 부부는 웬만한 갈등은 서로 소통하면서 해결해 가는 편이다. 성향의 차이로 인한 갈등은 대개 충분한 소통을 통해 해결이 가능하다. 한 예로, 나는 '주도형'이라 속도가 늘 빠르고 남편을 기다려 주지 않았다. 반면 남편은 '안정형'이다 보니 천천히 생각하며 움직였다. 이러한 다름으로 인해 갈등 상황이 생길 때마다 우리는 대화를 통해 서로의 감정과 필요를 나누었다. 나는 남편을 기다릴 때의 답답함을 이야기했고, 남편은 재촉하는 나로 인해 버거운 마음을 이야기했다. 충분한 대화를 통해 이제는 서로가 속도를 잘 조절해서 함께 살아갈 수 있게 되었다.

내가 전문가의 도움을 받은 갈등 상황은 친정 식구와 잘 분리되지 않아 남편을 힘들게 했을 때다. 친정 식구들의 지나친 간섭으로부터 스스로를 보호하지 못하다 보니 그 스트레스를 남편에게 풀고 있었던 것이다. 상담을 통해 부모님을 떠나는 연습을 했고, 그 후로는 친정 식구들의 간섭으로부터 자유로워졌다. 놀라운 것은, 친정으로부터 건강한 독립을 하니 남편과 더 친밀해졌다는 사실이다.

미래에 대한 불안으로 인해 생기는 내적 갈등은 두 사람이 이야기하기보다 주님 앞에 나아가 기도하며 맡겨 드릴 때 사라진다. 미래가 막막하고 답답할 때, 우리 부부는 가평에 있는 필그림하우스에 들어가 함께 기도하는 시간을 갖는다. 그러고 나면 내적 갈등이 사라지고 미래에 대한 불안이 아닌 평안을 누리게 된다.

부부에게 생기는 갈등은 지극히 정상적인 것이므로, 각자의 방법에 맞게 해결하면 된다.

우리 부부는 절대 다투지 않을 것이다

가끔 유명한 연예인 부부 중에 자신들은 절대로 다투지 않는다고 말하는 이들이 있다. 이러한 경우는 몇 안 되는 케이스다. 각자의 인격이 너무 성숙해서 말로도 충분히 전달이 되거나, 한쪽이 그 상황을 별로 심각하게 받아들이지 않아서 모른 척 넘어가는 경우다.

일반적인 부부는 다툰다. 정도의 차이는 있겠지만 다투며 살아간다. 여기서 다툰다는 것은, 서로 다른 의견을 조율하기 위해 정해진 룰과 링 안에서 대화하는 것이다. 폭언을 하거나 폭력을 쓰는 것은 싸움이고 학대다. 갈등의 상황에 직면하게 된다면, 대화를 통해 갈등을 잘 해결하면 된다. 한 사람이 일방적으로 참거나 두 사람 다 회피하는 것보다 투닥투닥 다투더라도 갈등을 해결하는 것이 더 좋다.

우리 부부의 사랑은 변함없을 것이다

부부의 사랑은 연애 때나 신혼 초처럼 항상 유지되지 않는다. 사랑이 고갈될 때도 있다. 그러나 사랑이 변한 것이 아니라, 친밀함의 정도가 낮아진 것이다. 사랑하는 모습을 항상 유지하기는 어렵다. 미울 때도 있고, 보기 싫어질 때도 있다. 그때 사랑이 변했네, 헤어지네 하지 말라. 모든 부부가 그럴 수 있다. 그러다 또 좋아지고 사랑의 감정이 생겨나고 고마운 마음이 느껴지는 것이다.

전도서의 말씀처럼 사랑할 때가 있고 미워할 때가 있고, 울 때가 있고 웃을 때가 있고, 찢을 때가 있고 꿰맬 때가 있고, 헐 때가 있고 세울 때가 있듯이, 함께 살아가는 데 여러 상황이 있을 수 있다. 이러한 상황에 대비해서 부부의 정서 통장이 텅텅 비지 않도록 신경 써야 한다. 간단한 말 한마디, 가벼운 스킨십은 정서 통장을 불려 가는 가장 효과적인 입금 방식이다. 정서 통장에 사랑의 잔고가 불어날수록 그만큼 부부 사이에도 더 깊은 친밀함과 서로에 대한 신뢰가 형성돼, 언제 찾아올지 모를 위기의 상황을 의연히 이겨 낼 자산이 될 것이다.

우리 가정에는 문제가 없을 것이다

문제없는 가정은 없다. 누구나 살다 보면 예상치 못한 어려움이 있기 마련이다. 좌절의 순간이 찾아오거나 깊은 상실을 경험하며, 아픔 또는 막막함에 직면하게 된다. 이런 다양한 경험을 하는 삶이 인생이다. 하나님은 우리 삶에 고난이 없을 것이라고 말씀하신

적이 없다. 만사형통할 것이라고 말씀하시지도 않았다. 다만 우리와 함께하며, 우리를 도와주겠다고 약속하셨다.

결혼해서 사는 동안 나는 희귀병과 불치병에 걸린 적이 있다. 남편도 심하게 아파서 병가를 낸 적이 있고, 아이 또한 아파서 수술한 적이 있다. 예수님을 믿는데 왜 이런 일이 일어났냐고? 예수님을 믿어도 이런 일이 일어날 수 있다. 인간으로서 경험할 일들을 우리도 경험하는 것이다. 이 삶의 여정에 주님이 함께해 주시기에 넉넉히 넘어가는 것이다. 그때마다 울기도 많이 울고 화도 많이 나고 힘들기도 했지만 결국에는 주님의 은혜로 감사하며 그 지난한 여정을 지나왔다. 그 길을 가족과 함께 걸어왔기에 힘을 낼 수 있었다.

부부가 인생의 여정을 함께 걸어갈 수 있음에 감사하라. 또한 혼자가 아닌 가족이 있기에 잘 극복하면서 살아갈 수 있음을 기억하라.

부모를 떠나야 부부가 하나 된다

정서적으로 독립하라

결혼은 하나님이 만드신 제도다. 그러기에 무엇보다 먼저 하나님의 말씀을 통해 결혼에 대한 하나님의 분명하신 뜻과 계획을 알아야 한다.

창세기 2장 24절에 결혼에 대한 의미가 나온다.

"이러므로 남자가 부모를 떠나 그의 아내와 합하여 둘이 한 몸을 이룰지로다."

부모를 떠나 부부가 연합해서 한 몸을 이루어 가는 것이 결혼이다. 부모로부터 떠나라는 것은 부모로부터 독립을 하라는 의미다. 부부는 부모로부터 정서적, 영적 그리고 경제적으로 독립할 수 있어야 한다. 평소 부모를 많이 의지하고 부모의 결정에 따라 왔다면 독립이 어려울 수 있다. 하지만 하나님의 말씀대로 독립할 수 있기를 바란다.

부모를 떠나야 부부가 하나 될 수 있다. 부부가 하나 되지 못하는 데에는 부모의 간섭과 부부 중 어느 한쪽이 자신의 부모를 지나치게 의존하기 때문인 경우가 많다. 자녀를 사랑해서 더 잘해 주거나 도와주고 싶은 부모의 마음은 알지만, 부족해 보여도 가정을 이룬 자녀들이 독립해서 살아가도록 떠나보내 주어야 한다.

부모로부터의 독립이 쉬운 사람도 있지만, 독립하기 위해 투쟁을 해야 하는 사람도 있다. 사랑이라는 이름으로 자녀를 간섭하고 통제하는 부모로부터 독립하기란 결코 쉬운 일이 아니다. 자녀가 결혼 대상자를 선택할 때도 그리고 결혼하고 나서도 부모의 바람을 계속해서 자녀에게 요구하는 것은 자녀의 건강한 결혼 생활을 망치는 일이다.

철민 씨는 부모님의 반대가 너무 심해서 한 번은 아픔을 갖고 헤어졌지만, 두 번째는 도저히 헤어질 수 없어 집을 나와 부모님의 간섭에 저항하고 결혼을 했다. 30대 중반인데도 결혼 대상자에 대한 부모님의 심한 간섭을 보면서 마음 한편이 짠했다. 어릴 때부터 부모가 시키는 대로 살아왔던 철민 씨가 처음 부모로부터 저항하며 독립하는 이 과정을 지켜보며 나는 박수와 격려를 보내 주었다. 힘든 과정이었지만 사랑하는 사람과 결혼해서 가정을 이루고 살아가는 모습을 보니 가치 있는 저항이었다는 생각이 든다.

부모님들은, 자녀들이 결혼해서 독립할 수 있도록 놔 주시길 부탁드린다. 혹시 부모님의 심한 간섭으로 어려움을 겪고 있는 커플들이 있다면, 용기 내어 독립할 것을 권한다. 그래야 두 사람이 하나 되어 건강하게 살 수 있다.

영적으로 독립하라

이 또한 힘든 과정이겠지만, 필요시에는 영적으로 독립하는 것이 서로의 관계를 지켜 주기도 한다. 부모가 원하는 교회를 다니기보다, 두 사람의 신앙이 성장하도록 도와줄 수 있는 공동체를 선택하는 것이 중요하다. 신혼 초는 신앙을 함께 세워 가는 과정이므로, 두 사람의 신앙이 잘 자랄 수 있는 곳으로 정하는 것이 좋다.

많은 부모들이 자신이 출석하는 교회에 출가한 자녀들이 함께 다니기를 원한다. 그것이 간절한 소원이라고 말하는 부모도 있다. 두 세대가 함께 한 교회를 섬기는 것에 큰 의미를 두는 것이다. 자녀들이 감당할 만한 상황이라면 괜찮겠지만, 실제로는 어려운 경우들이 있다. 시댁 쪽의 교회를 가게 된 아내들이 교회 자체가 시부모님처럼 느껴진다며 신앙생활의 어려움을 호소했다. 모든 어르신들이 시어머니같이 느껴져서 교회에 가는 것이 부담스럽다고 했다.

물론 같은 교회를 어려움이나 부담 없이 다니는 부부도 있다. 부득이 하게 부모님과 같은 교회를 섬겨야 하는 상황이라면, 경계선을 잘 긋고 부모로부터 간섭받지 않도록 해야 한다. 교인들로부터도 경계선을 그어서 누구 사위, 누구 며느리로 있기보다 독립된 한 사람으로 눈치 보지 말고 신앙생활을 할 수 있어야 한다. 한마디로, 신경 끄고 지내라는 말이다.

경제적으로 독립하라

경제적으로도 부모로부터 독립해야 서로의 관계가 편해진다. 나는 청년들에게 부모로부터 너무 많은 재정을 지원받으면 부모의 간섭이 따라올 수 있기에 적절한 지원만 받을 것을 권면한다.

집을 장만할 때 양가로부터 재정적인 지원을 많이 받은 커플이 있었다. 지원해 주는 것까진 좋았는데, 왜 상대 쪽에서 그것밖에 해 주지 않는지에 대한 비난이 시작되면서 두 사람의 관계가 어려워지기 시작했다. '상대방에게 더 받아라, 대출이라도 받아서 더 해 주라고 해라' 하는 간섭 속에서 자녀들이 너무 힘들어하다가 상담을 받으러 오게 되었다. 두 사람의 관계가 더 소중했던 이들 커플은 양가의 지원을 받지 않고 두 사람이 받을 수 있는 대출로 시작하기로 결정했다. 양가 부모님은 자녀들이 더 좋은 집에서 더 잘 시작하기를 바라셨지만, 큰 집에서 불편하게 사느니 작더라도 두 사람이 마음 편히 살기로 결정한 것이다.

앞의 사례와 비슷한 경우가 또 있다. 재정 지원을 많이 받고 결혼한 주영 씨 부부의 이야기다. 결혼하고 얼마 지나지 않아, 시부모님이 연락도 없이 찾아와 현관 비밀번호를 누르고 들어오셨다. 당신들이 사준 집이니 언제라도 올 수 있다고 생각하신 것이다. 아무 때나 울려대는 '띠디디디' 소리를 감당할 수 없어, 이들 부부는 부모님께 돈을 돌려드리고 작은 집으로 이사를 했다. 그리고 마침내 "띠디디디"의 공포에서 벗어날 수 있게 되었다.

간섭받지 않을 만큼의 적절한 지원만 받거나, 원룸부터 시작해도 좋으니 두 사람이 편하게 사는 결혼 생활을 권한다. 예단도 갈등의 요인이 될 수 있다. 가급적 서로 주고받지 말고 간단하게 결혼하라고 말하고 싶다. 우리 부부도 예단을 주고받지 않고, 옥탑방부터 시작해서 지금까지 둘의 힘으로 살아왔다. 사랑하는 사람과 함께하는 삶이 더 중요했기에 처음부터 많은 것을 소유하지 않아도 괜찮았던 것이다.

커플들과 부부들이 경제적으로 건강하게 독립하기를 응원한다.

우선순위를 배우자에게 두라

부모로부터 떠나는 것의 또 다른 의미는 우선순위가 바뀌는 것이다. 부모에서 배우자로 우선순위가 바뀌는 것이다. 한 몸 된 배우자를 먼저 생각하고 우선시해야 한다. 부모가 결정한 것을 무조건 따르는 것이 아니라, 이제는 두 사람이 결정하고 부모님께 말씀드리는 것이다.

결혼은 두 사람이 충분히 논의하고 원하는 방향으로 결혼을 준비하라. 물론 부모님의 조언을 듣는 것은 괜찮다. 단, 부모님의 조언이 서로를 조종하지 않게 하는 것이 좋다.

지훈 씨와 미란 씨는 결혼을 준비하는 과정에서 미란 씨 부모님으로부터 끊임없는 간섭을 받았다. 지훈 씨는 자신들의 결정이 아닌 부모님의 '조종'으로 모든 것이 이뤄지는 것을 보고, 결국 미란 씨에게 결혼을 미루자고 했다. 그러자 미란 씨 부모님은 "그의 마음이 변했다", "다른 여자가 있을 거다"라며 딸에게 이 결혼을 하지 말라고 말렸다.

상담할 때, 미란 씨는 남자 친구를 사랑하지만 부모님의 말씀 또한 들어야 하지 않겠느냐며 어떻게 해야 할지 모르겠다고 고민을 털어놓았다. 나는 미란 씨에게, 결혼은 두 사람이 하나 되어 가는 과정이기에 이 시기에 지훈 씨와 마음을 맞추어 부모님께 잘 말씀드리고 둘이 결혼을 준비해 가면 좋겠다고 권면해 주었다. 물론 이 모든 과정에서 부모님의 마음을 상하게 하지 않도록 부드럽게 소통하라고 알려 주었다. 다행히 부모님이 미란 씨의 말을 듣고 두 사람이 결혼 준비를 하게 해 주셨기에, 지훈 씨도 편한 마음으로 미란 씨와 상의해서 행복한 결혼을 할 수 있게 되었다.

이와 같은 문제로 고민하고 갈등하는 커플들이 생각보다 많다. 만일 당신이 이런 상황에 처해 있다면 "부모를 떠나"라는 말씀을 마음에 잘 새기고, 두 사람이 함께 새롭게 출발해 나가기를 바란다.

이혼한 부부가 있다. 두 사람의 이혼 사유는 부모를 떠나지 못한 것이었다. 부부 관계는 기본, 심지어 집안 살림이며, 자녀에 양육에 관련된 모든 것에 간섭과 통제를 받다 보니 두 사람은 하나 되어 살기가 어려웠다.

'부모를 공경하라'는 가르침대로 부모님의 말씀을 잘 따라야 한다고 알고 있는 이 부부에게, 결혼은 부모를 떠나는 것이며 그래서 독립이 중요하다는 것을 알려 주었지만, 계속되는 부모의 간섭을 피하지는 못했다. 부모에게 인정받기 위해 부모가 시키는 대로 따르는 남편과, 집을 나오라는 친정 식구들의 말에 집을 나가는 아내의 모습을 보며 양가 부모의 지나친 간섭이 이 가정을 무너뜨리고 있음을 보았다. 두 사람 모두 부모를 떠나지 못하고 결국 헤어질 수밖에 없었다. 이처럼 부모가 자녀의 결혼 생활을 간섭하고 조종할 때, 자녀들은 하나 된 모습으로 살아갈 수 없다.

부모님들에게 부탁드리고 싶은 것은, 자녀의 가정이 하나로 잘 세워져 가도록 떠나보내 주시면 좋겠다는 것이다. 이것은 하나님의 말씀에 순종하는 믿음의 선택이다. 결혼을 준비하는 커플과 이미 결혼해서 살고 있는 부부들에게 권면하고 싶은 것은, 배우자를 우선시하고 서로를 소중히 여기라는 것이다. 앞으로 함께 살아갈 사람은 다름 아닌 배우자다. 둘이 하나 되어 살 때 자녀들도 평안하게 살아갈 수 있다.

부모를 공경하라는 것은 부모의 말에 무조건적으로 순종하라는 의미가 아니다. 부모로서 존중하고, 자녀로서 할 도리를 하라는 것이다. 여기서 도리도 정말 필요한 만큼만 하면 된다. 결혼 후 양가 부모님을 한 달에 몇 번씩 무리하게 방문하거나 원하지도 않는 가족 여행에 함께하지 않기를 바란다. 두 사람이 갈 수 있을 만큼만 가고, 원치 않을 때는 정중하게 거절할 수 있어야 한다. 처음부터 부모님의 요구대로 따르다가 나중에 거절하려면 힘들 수도 있기에, 결혼 전부터 신중하게 생각하고 두 사람이 상의해서 결정할 것을 권한다.

서로의 부모에게 배우자가 다르게 대하는 것에 갈등이 생기지 않게 하라. 양가 부모님을 똑같이 대할 수는 없다. 용돈의 액수도 다를 수 있고, 선물도 다를 수 있다. 그럴 때마다 왜 부모님을 차별하느냐, 우리 부모님을 더 챙기라고 요구하면 감정싸움이 될 수밖에 없다. 너무 큰 차이가 나지 않는다면 그냥 넘어가라. 기억할 것은, 부모보다 부부가 더 중요하다는 것이다. 부모의 문제로 배우자의 감정이 상하지 않게 하라.

맞벌이하는 부부들이 늘어나면서 양가 부모님에게 자녀를 맡기는 경우가 많아졌다. 이 경우에는 두 사람의 의견을 잘 전달하는 것이 중요하다. 요즘은 고부 갈등만큼 장서 갈등(장모와 사위 갈등)도 못지않은데, 장모와 사위가 시간과 공간을 함께 사용하는 기회가 많아지면서 갈등이 생기는 것이다. 아내는 자녀 양육에 대한 마음을 남편과 함께 모아 부모님께 말씀드려야 하는데, 대개는 반대로 친정 부모님 편에 서서 남편에게 요구하게 된다. 이때 남편은 서운함을 느낄 수 있다. 친정 식구들과 남편 사이에서 우선순위

를 남편에게 두지 않으면 남편의 마음은 무척 힘들다. 시댁과 갈
등이 있을 때 남편이 마음을 읽어 주고 내 편이 되기를 바라듯이,
남편도 아내가 자신에게 공감하며 자기편이 되어 주기를 원한다.

기억하라. 아내나 남편에게 있어 배우자는 그 누구보다 우선시
되어야 할 최고의 내 편이다.

TIP. 부모를 떠난다는 건

1. 정서적으로 독립하는 것이다.
2. 영적으로 독립하는 것이다.
3. 경제적으로 독립하는 것이다.
4. 우선순위를 배우자에게 두는 것이다.

부모는 자녀를 잘 떠나보내 주라

부모가 자녀를 잘 떠나보내 주지 않아서 부부 관계가 어려워지
고 깨지는 경우가 있다. 두 사람은 괜찮아도 부모들이 조종하고
간섭하면 관계가 어려워질 수 있다. 사랑이라는 이름으로 간섭과
조종, 통제하는 부모님들에게 조심스럽게 말씀드린다. 내 자녀를
위해서 그랬다고 하겠지만, 결국 간섭은 자녀의 가정을 깨뜨리는
것이며, 몸 된 주님의 교회를 허무는 것이다. 부모들이여, 명심하

라. 자녀를 잘 떠나보내 주는 것이 하나님이 바라시는 온전한 가정을 세우는 최선의 방법이다.

한 부모님은 애지중지 키워 온 딸이 결혼해서 고생하며 사는 모습이 안쓰러워 딸의 집 근처로 이사를 가 청소도 하고, 밑반찬도 만들고, 틈틈이 손주도 봐 주면서 시간과 에너지를 다 쏟아 부었다. 딸과 사위는 부모님의 사랑과 관심에 감사했지만, 매일같이 자신들의 집에 와서 살림이며 자녀에 대해 간섭하시는 부모님의 말씀이 좋게 들리지 않고 오히려 스트레스가 되었다. 부모님께는 차마 말씀드릴 수 없다 보니 그 스트레스를 부부가 서로 주고받으면서 갈등이 심화되었다.

이들 부부는 아이 옷 입히는 문제로 아침마다 싸우게 되었다. 그리고 그 이면에는 아침마다 와서 간섭하는 부모님이 계셨다. 부모님 때문에 시작된 갈등이 아이 문제로 전가된 것이다. 남편은 퇴근 후 아내가 집에 없으면 밖으로 돌기 시작했다. 그러면서 이 가정은 더 이상 유지하기 어려운 시점까지 가게 되었다.

상담을 통해 부모님으로부터 경계선을 그어야 할 필요를 인지시킨 후, 부모님이 하실 영역과 두 사람이 할 영역을 나누어 부모님께 정중히 말씀드리게 했다. 처음에는 부모님도 서운해 하셨지만, 자녀들이 결혼 생활을 더 이상 유지할 수 없을 정도로 심각한 상황임을 알고 자녀들이 제안한 시간과 돕는 영역의 의견을 따르기로 하셨다.

사랑과 헌신이 과하면 자녀가 숨이 막힐 수 있다. 자녀가 자신의 삶을 살아가기가 어렵다. 적절한 사랑이 자녀로 하여금 숨 쉬게 하고 자신의 삶을 살아갈 수 있게 한다.

손주에 대한 과한 사랑도 아이의 삶에 혼란을 줄 수 있다. 예를 들어, 부부는 자녀에게 먹지 말아야 할 것, 보지 말아야 할 것 등 제한을 두는데 조부모가 이를 다 허용해 주면 아이는 그 사이에서 혼란을 겪게 된다. 아이들에게는 일관성 있는 양육이 필요한데 자신의 부모와 조부모 사이의 생각이 다르니 그 가운데서 방향을 잃게 되는 것이다. 이때는 부모가 자녀들의 가치관을 존중해서 따라 주는 것이 좋다. 어설프고 미덥지 않아도 부모로서의 권위를 세워 주어야 한다.

상처로부터 잘 떠나라

부부는 각각의 부모에게 받은 상처로부터도 잘 떠나야 한다. 그 상처가 분명히 부부 관계에 어려움을 줄 것이다. 나는 결혼 초에 몸은 부모를 떠나 있었지만 정서적으로는 그러지 못했다. 친정에 갈등이 있거나 관계에 문제가 생길 때마다 나를 찾았기 때문이다. 심지어 그 문제를 해결하기 위해 해외에서 전화를 붙들고 아등바등한 적도 있다.

친정 식구들은 문제가 생길 때마다 건강하게 해결하지 못하고 나에게 전가해 내가 해결해 주기를 바랐다. 특히 가족 안에서 일어나는 관계의 상처를 잘 해결하지 못해 그 일에 내가 개입되는 경우가 많았다. 나는 그것이 상처인 줄도 모른 채 무조건 해결해야 한다는 생각에 만사 제쳐 두고 거기에만 매달렸었다.

하루는 남편이 그런 내게 물었다.

"당신에게 나와 아이들은 어떤 존재예요?"

그때 정신이 확 들었다. 가족은 생각하지 않고 친정 식구들 문제에 사로잡혀 있는 나 자신을 보았고, 나로 인해 남편과 자녀들이 어려움을 겪고 있음을 알게 되었다.

나는 결혼을 앞둔 커플과 부부들이 나와 같은 실수를 하지 않기를 원한다. 물론 원가족의 상처와 문제로부터 독립하는 것은 쉽지 않다. 처음에는 갈등도 많을 수 있다. 하지만 분명한 것은, 원가족의 상처로부터 떠날 때 당신은 더욱 자유해지며, 당신의 가정은 건강해질 수 있다는 것이다.

홀어머니를 모시고 사는 경일 씨는, 아내가 어머니를 잘 모시지 못하면 아내를 비난하거나 처가 식구들까지 힘들게 했다. 경일 씨의 상처는 바로 어머니를 버리고 떠난 아버지에 대한 분노였다. 그는 어머니가 누군가로부터 외면당한다고 느끼면 그 분노를 상대에게 퍼붓는 것으로 상처를 표현해 왔다. 경일 씨는 치유 과정을 통해 어머니와 정서적으로 분리되어 아내와 친밀해질 수 있게 되었다. 아내 역시 남편의 변화를 통해 시어머니를 편하게 대할 수 있게 되었다.

나는 부부들이 원가족으로부터 받은 상처를 잘 다루기를 바란다. 받은 상처로부터 떠나지 못해 어려움을 갖는 부부들을 정말 많이 상담해 왔기 때문이다. 두 사람 사이에는 아무 문제가 없는데 상처로 인해 겪는 심각한 갈등 상황들을 볼 때마다 얼마나 마음이 아픈지 모른다.

혹시, 결혼을 하고도 원가족의 상처로부터 잘 떠나지 못해 갈등하는 부부가 있다면, 지금부터라도 떠나는 연습을 하길 바란다. 아직 늦지 않았다. 이제라도 하면 된다. 후회하기보다 시작할 수 있는 용기를 갖길 바란다. 앞으로 함께할 날들이 아직 많이 남아 있기에 건강하게 회복되기를 바란다.

둘이 연합하라

하나님은 결혼을 통해 부부가 하나 되게 하셨다. 언약으로 하나 되게 하신 것이다. 남녀가 하나 되는 이 신비로운 비밀을 부부가 경험하게 하신 것이다. 얼마나 축복된 관계인가.

언약으로 하나 되었다는 것은 하나님이 우리를 떠나거나 버리지 않는 것처럼, 결혼도 우리 마음대로 깰 수 없다는 의미다. 결혼은 계약 관계가 아니라 언약 관계이기 때문이다. 하나님과 우리와의 관계처럼 부부도 언약 안에 서로 사랑의 관계를 맺어야 한다. 따라서 언약을 지키기 위한 노력과 헌신, 섬김이 필요하다.

하나가 된다는 것은 부부가 생각이나 가치관을 똑같이 맞춘다는 의미가 아니다. 이 말씀을 오해해서 배우자에게 무조건적으로 맞추는 부부들이 있는데, 한 사람이 일방적으로 맞추는 것은 진정한 하나 됨이 아니다. 하나가 되어 연합해도 두 사람의 인격은 그대로 존재한다. 이는 상대를 존중하면서 하나님을 향해 두 사람이 함께 온전함으로 나아가라는 뜻이다.

최근에, 결혼한 부부들이 너무 쉽게 관계를 포기하고 헤어지는 경우를 종종 본다. 성격 차이로 헤어진다고, 행복하지 않아서 헤어진다고, 서로 맞추기 어려워서 헤어진다고 할 때면 마음이 아프다. 계약처럼 쉽게 깨는 현실이, 부부 관계가 언약 관계임을 기억하고 그 관계를 지키려는 노력조차 하지 않는 모습이 매우 안타깝다. 물론 너무 큰 고통을 지속적으로 받거나, 폭력이나 학대를 당한다면 이때는 헤어져야 한다. 그런 고통은 견디면 안 된다. 그러나 이런 경우가 아니라 성격 차이로 헤어지려고 한다면, 한 번 더 고민하며 주님의 뜻을 구하고 전문가의 도움을 받아 보라고 말하고 싶다.

하나 되었던 것을 나눌 때는 말할 수 없는 고통이 따른다. 그러니 너무 쉽게 부부의 하나 됨을 포기하지 말자.

한 몸이 되라

사랑하면 스킨십을 통해 서로를 더 친밀하게 느끼고 싶어 한다. 이런 욕구는 지극히 자연스러운 것이며, 하나님은 우리가 더 깊은 친밀감을 누리며 사랑하도록 성을 주셨다. 성은 아름답고 거룩한 하나님의 선물이다. 부부는 성적으로 하나 되어 친밀함을 누려야 한다. 하나님이 선물로 주신 성은 부부 관계 안에서 마음껏 누릴 수 있어야 하며, 이때의 성적인 친밀감은 부부 생활에 큰 행복을 가져다준다.

성(性)을 한자로 풀어 보면 마음 심(心)에 날 생(生)자로 이루어져 있다. 성관계는 마음을 주고받는, 생명과 연관된 아름다운 행위이다. 부부가 지속적으로 성관계를 하게 될 경우 여자에게서는 옥시토신, 남자에게서는 바소프레신이라는 호르몬이 분비되는데, 이 호르몬은 친밀감, 돌봄, 신뢰를 느끼도록 도와주는 역할을 한다. 부부가 지속적으로 성관계를 맺을 때 서로를 더 친밀하게 느끼며, 서로 신뢰하고 돌볼 수 있게 된다는 것이다. 즉, 성관계는 단순히 육체적인 행위가 아닌, 정서적으로 깊이 충족함을 누리는 행위인 것이다.

부부의 성관계는 가장 안전하며 친밀한 관계를 경험하게 한다. 하나님이 주신 성을 배우자와 마음껏 누릴 수 있어야 하며, 성적으로 친밀감을 누릴 수 있도록 서로 노력해야 한다. 결혼 전에는 스킨십을 하기 위해 애썼던 그 노력들이 부부가 되어서는 사라지는 모습에 서로 실망하기도 하는데, 이럴 때일수록 부부 공동의 노력이 필요함을 기억하기 바란다.

성관계는 부부가 몸으로 하는 대화다. 온전한 대화가 이루어지기 위해서는 서로에 대한 예의가 필요하듯이, 몸의 대화에 있어서도 서로를 존중하고 배려하는 태도가 필요하다. 성경에서 '자기 몸을 주장하지 말라'는 말씀은, 상대를 기쁘게 하기 위해 최선으로 배려하고 사랑으로 섬겨 주라는 의미다. 남녀의 성 욕구는 서로 다르기에 성관계의 횟수와 깊이에도 차이가 있다. 따라서 내 욕구만을 주장하면서 상대에게 맞출 것을 강요해서는 안 된다. 상대를 충분히 배려하는 가운데 내 필요를 전하고 서로 조율해야 한다. 그러기 위해서는 충분한 대화가 필요하다.

여자는 피곤할 때 또는 출산 이후에 성욕이 급격히 저하된다. 이때 남편은 아내의 타이밍에 맞추어 아내를 배려하고 아내가 잘 쉴 수 있게 해 주는 것이 좋다. 아내는 잘 쉬고 몸이 편해져야 마음이 열린다. 우리 남편은 내가 피곤할 때 마사지를 해 주거나 쉼을 가질 수 있도록 배려해 준다. 나는 그런 남편을 볼 때 마음이 열리면서 몸에도 반응이 온다.

성관계를 원하지 않을 때는 정중하게 거절해야 한다. "피곤하니까 건들지 마! 생각이 있는 거야? 애 보느라 얼마나 힘들었는지 알아? 저리 가!" 이런 식의 말은 배우자의 마음을 매우 상하게 한다. 물론 피곤하고 육아가 힘든 것은 사실이다. 하지만 배우자의 필요를 매몰차게 거절하면 배우자와 몸만 멀어지는 것이 아니라 정서적으로도 멀어지게 된다. 좀 더 부드럽게 "여보, 오늘은 너무 피곤해서 도저히 안 되겠어요. 미안해요. 대신 내일은 컨디션을 잘 조절해서 당신과 친밀한 시간을 보내도록 할게요. 나를 이해해 주면 좋겠어요"라고 말한다면 배우자는 기쁨으로 그 시간을 기다릴 것이다.

나는 부부들에게, 성관계를 위한 특별한 시간을 정기적으로 정해 놓으라고 권면한다. 부부의 성관계에 우선순위를 두라는 것이다. 그만큼 육체가 멀어지면 마음도 멀어질 수 있기에 육체적인 친밀감을 위해 특별한 시간을 따로 떼어 놓아야 한다.

혹시 배우자가 성관계에 어려움을 느끼거나 힘들어 하면, 먼저 깊은 대화를 나누어 보고, 그래도 어렵다면 전문가에게 상담 받을 것을 권한다. 지인들에게 나누는 것은 그다지 도움이 되지 않는다. 성적인 스킬이 아니라 심리적인 문제이기에 전문가의 도움을 받는 것이 좋다.

지연 씨는 자신의 몸에 대한 부끄러움과 수치심이 커서 자신의 몸을 남편에게 보여 주고 싶어 하지 않았다. 그러다 보니 성관계 시에는 반드시 불을 꺼야 했고, 그 시간이 친밀감을 느끼기보다는 빨리 끝내고 싶은 불편한 시간이 되었다. 지연 씨는 상담을 통해 자신의 상처를 알게 되었고, 그 이후로는 남편과 불이 켜진 상태에서도 친밀감을 누리게 되었다. 감사한 것은, 남편이 아내인 지연 씨를 충분히 기다리고 배려하면서 치유되도록 도와주었다는 것이다.

부부는 서로 벌거벗었으나 부끄럽지 않은 관계다. 배우자의 성적인 상처를 부끄럽게 여기기보다 서로 치유해 주는 부부가 되어야 한다. 또한 배우자의 성적 요구를 거절할 땐 비난하는 말이나 태도가 아닌, 존중하고 배려하는 말로 대화할 것을 권한다.

성적 친밀감을 누릴수록 부부 관계도 더 친밀해진다. 우리 부부는 1년에 한두 번 정도는 특별한 성적 친밀감을 누리기 위해 바다가 보이는 호텔에서 시간을 보낸다. 이런 특별한 시간이 평소의 친밀감으로 이어져서 좋다.

아내들은 성관계 때 전희가 중요하다. 충분한 스킨십과 마사지가 아내의 마음과 몸을 열게 해 준다. 그러나 남편들은 자주 아내와 성관계를 갖고 싶어 한다. 이러한 이유로, 부부는 서로의 필요와 다름에 대해 충분한 대화를 나누는 것이 좋다. 가장 민감한 성감대는 뇌다. 이는 말을 통해 몸이 열린다는 것이다. 충분한 대화에서 이어지는 충분한 전희를 통해 친밀한 시간을 보내길 바란다. 상대의 몸을 함부로 대하거나 자신의 욕구만을 채우기 위해 이기적으로 요구하지 말고, 소중하고 귀하게 다가가면 좋겠다.

서로 벌거벗었으나 부끄럽지 않은 관계

부부가 부모를 떠나 연합해서 하나가 되면 서로 어떤 모습을 보여도 부끄럽지 않은 관계가 된다. 서로의 약점이 보여도, 상처가 있어도 부끄럽게 여기지 않고 있는 그대로를 수용하는 관계가 부부다. 결혼을 했다면 서로의 약점을 비난하기보다는 그 약점을 감당해 주고, 상처가 서로를 통해 치유되도록 하자.

나는 남편에게 고마운 것이, 내 약점을 있는 그대로 수용하고 인정해 주었던 모습이다. 살다 보면 배우자의 약점이 보기 싫고 만족스럽지 않을 때도 있을 것이다. 그럼에도 배우자를 수용하고 사랑해 주는 마음이 필요하다. 상대의 상처가 나에게 힘겨움으로 올 수도 있다. 그럼에도 덮어 줄 수 있는 넉넉한 사랑의 마음이 필요하다. 주님이 우리를 있는 그대로 수용하고 사랑하셨던 것처럼, 그 사랑이 우리 부부 관계에 부어지길 기도하자. 그럼에도 사랑하는 마음으로 서로를 감싸주자.

수진 씨는 부모님의 이혼과 방치되어 자라 온 자신의 삶에 대해 결혼할 형제에게 말하기를 꺼렸다. 이 사실을 알면 형제가 자기와 결혼하지 않을 것 같아 두려웠다. 나는 수진 씨에게, 그런 상황은 수진 씨의 잘못도 아니고 그냥 상황일 뿐이라고 말하며 두려움을 표현하게 해 주었다. 이후 수진 씨는 억압되어 있던 두려움을 표현하기 시작했고, 형제에게 자신이 자라면서 받은 상처를 나누었다. 형제는 그런 수진 씨의 상처를 이해하고 더 큰 사랑으로 품어 주면서, 지금은 수진 씨와 결혼해서 잘 살고 있다.

자신의 연약함, 두려움, 상처, 결핍을 보여도 부끄럽지 않은 관계가 부부다. 죄를 지어 벌거벗은 것을 부끄러워하며 두려워 떨고 있는 아담과 하와에게 사랑으로 가죽옷을 입혀 주신 하나님, 그들의 수치를 덮으신 그 사랑이 우리 부부들에게 흘러가기를 바란다. 그리고 하나님의 그 같은 사랑으로 서로가 서로를 잘 덮어 주길 바란다.

결혼은 계약 관계가 아닌 언약 관계다

　결혼 예배는 (하나님이) 두 사람이 부모를 떠나 하나 되게 하심을 증인들 앞에서 선포하는 시간이다. 그리고 하객들은 두 사람이 부부 됨을 확인하는 증인으로 참석하는 것이다. 많은 증인 앞에서 하나님 앞에 두 사람이 하나 됨을 선포하는 순간, 부부는 언약 관계로 이어진다. 마음에 안 들면 헤어지는 계약 관계가 아닌 것이다. 결혼 후 부부 관계에 대해 너무나도 쉽게 생각하는 이들을 보며 늘 안타까운 마음이 들었다. '혼인 신고 안 했으니 헤어져도 된다', '우린 서로 안 맞으니 헤어지자', '이왕 헤어질 바엔 하루라도 빨리 헤어지는 게 낫다'는 이유로 관계를 끝내려 한다.

　하나님은 부부 관계를 이렇게 쉽게 끝내는 계약 관계로 만드신 것이 아니다. 하나님과 우리의 관계가 계약 관계가 아니듯, 부부의 관계 또한 마찬가지다. 언약 관계는 우리가 죄인임에도, 연약함에도, 원수 되었음에도 하나님이 우리를 끝까지 사랑하며 버리지 않으시듯이, 부부들도 서로 끝까지 사랑하며 관계를 이어 가기를 원하는 마음에서 주신 것이다. 사실 이런 의미가 결혼식에서 전달되어야 하는데, 결혼식이 예배보다는 이벤트에 치우치다 보니 진정한 부부와 결혼의 의미가 잘 전달되지 않고 있다. 혹시 결혼을 준비하고 있다면, 결혼의 의미를 잘 살린 결혼 예배로 준비하길 바란다. 스드메(스튜디오, 드레스, 메이크업)에 치우치거나 축가와 식사에 신경 쓰기보다 언약 관계로 이어지는 부부 관계에 대한 분명한 말씀과 선포가 있도록 준비하면 좋겠다.

두 사람이 하나님의 언약 관계처럼 부부의 언약 관계로 하나 되는 결혼의 본질을 잃어버리지 않고 예배로 잘 준비해 나가길 바란다. 이미 결혼해서 부부로 살아가고 있다면, 두 사람이 언약 관계로 이어졌음을 기억하며 서로의 관계가 깨어지지 않도록 서로 배려하고, 끝까지 사랑했으면 좋겠다.

"내가 결코 너희를 버리지 아니하고 너희를 떠나지 아니하리라"
(히 13:5).

혼인 신고

결혼했지만 간혹 혼인 신고를 하지 않고 사는 커플들을 보게 된다. 왜 안 했는지 물어보면 시간이 없어서 못 했다고 한다. 좀 더 살아 보다가 아닌 것 같으면 헤어질 수도 있어서 안 한다고 답하는 커플도 있었다. 그렇게 살다가 자녀가 입학할 때가 되어서야 어쩔 수 없이 혼인 신고를 하는 것이다.

정희 씨는 두 번이나 결혼을 했음에도 혼인 신고를 하지 않고 살다가 결국 헤어졌다고 한다. 아이도 낳았는데 첫 번째 결혼한 남자에게 보내고 다른 남자와 동거하며 살고 있었다. 그러면서 예수님을 믿고 있다고 했다. 나는 정희 씨에게 결혼의 참의미를 알려 주었다. 결혼은 계약이 아니라 언약 관계임을 강조하면서, 다시는 이런 태도로 결혼하지 말 것을 권했다.

민호 씨와 주연 씨 커플은 결혼식을 한 이후에도 혼인 신고를 하지 않고 있다가 헤어짐을 고민한 적이 있었다. 다행히 상담을 통해 부부 관계가 회복되어 바로 혼인 신고를 하고 지금은 언약 관계 안에서 행복하게 잘 살고 있다. 혼인 신고를 하지 않았을 때는 다툼이 생길 때마다 "헤어져, 어차피 혼인 신고도 안 했는데 그냥 헤어지자"라는 말로 격하게 다투었다고 한다. 하지만 혼인 신고를 하고 나서는 그 말이 쉽게 나오지 않게 되었다고 한다. 도현 씨와 수영 씨 커플도 10개월 넘게 하지 않고 있다가 권면을 듣고 혼인 신고를 하면서 나를 증인으로 세웠다. 그래야 헤어지고 싶을 때도 살 수 있을 것 같다고 말이다.

혼인 신고는 법적으로 부부가 되는 효력도 있지만, 두 사람을 하나로 묶어 주는 언약이 되기도 한다. 결혼식을 앞둔 일주일 전이나 결혼 후 한 달 안에는 반드시 할 것을 권한다. 두 사람을 더 신뢰의 관계로 이어 주는 혼인 신고, 미루지 말고 꼭 하자.

Q 살다가 안 맞으면 그냥 헤어지면 되죠. 날 위해 주는 젊은 사람이랑요. 아직 혼인 신고도 안 했는데 뭐 어때요?

기도하고 남편을 선택했다는 지희 씨. 결혼만 하면 알콩달콩 재미있게 살 줄 알았는데 꿀 떨어질 만큼 좋은 날들은 짧기만 했다. '혼인 신고도 안 했는데, 그냥 헤어지고 다른 남자 만날까? 아직은 예쁘고 괜찮으니 날 좋아하는 사람이 나타날 거야.' 무뚝뚝한 남편이 지루하고 답답했는지, 지희 씨는 자기가 아깝다는 생각과 함께 헤어지고 싶은 마음이 들었나 보다.

나는 이 이야기를 듣고 정말 '뜨악'했다. 어떻게 이렇게 쉽게 생각하지? 결혼이 장난인가? 마음에 안 들면 헤어지면 그만이라니…. 그것도 폭언이나 폭력, 중독적인 이유도 아니고 단지 지루하다는 이유로 말이다.

젊은 부부들 중 의외로 결혼 후 서로 맞지 않으면 헤어지고 다른 사람을 만나면 된다고 생각하는 이들이 많아졌다. 부모님들 중에도 자녀들의 결혼 생활이 원만하지 않은 것 같으면 그냥 헤어지게 하는 분들이 있다. 정말 기가 막힌다. 드라마를 너무 본 것 같다. 배우자와 헤어지고 나면 젊고 능력 있는 찐찐남이 마치 기다렸다는 듯이 '짠!' 하고 나타날 것 같은가? 착각하지 말라. 백마 탄 왕자는 드라마 밖으로 출연하지 않는다. 멀리 갈 것도 없다. 당신 주변을 한번 살펴보라. 그런 사람이 있는가?

결혼은 물건 사듯 쉽게 골랐다가 마음에 안 들면 반품하는 그런 것이 아니다. 조금 힘들면 그만두고 다른 일자리를 찾는 알바 같은 것도 아니다. 결혼은 언약 관계다. 우리를 떠나거나 버리지 않고 끝까지 사랑하시는 하나님이 그 사랑으로 부부를 하나 되게 하신 것이 결혼이다.

단지 지루하다고, 다른 사람을 만나고 싶다고 해서 깰 수 있는 계약 관계가 아니란 말이다. 결혼에 담긴 거룩한 의미를 잊지 말라. 서로를 아끼고 온전히 섬겨 하나님의 사람으로 바로 설 수 있도록 도우라. 그리고 제발 드라마 주연 배우들의 판타지 사랑 이야기에 속지 좀 말라.

2.

부부는
서로를 통해
하나님 나라를 만난다

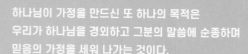

하나님이 가정을 만드신 또 하나의 목적은
우리가 하나님을 경외하고 그분의 말씀에 순종하며
믿음의 가정을 세워 나가는 것이다.

가정을 주신 목적

"네 헛된 평생의 모든 날 곧 하나님이 해 아래에서 네게 주신 모든
헛된 날에 네가 사랑하는 아내와 함께 즐겁게 살지어다 그것이 네
가 평생에 해 아래에서 수고하고 얻은 네 몫이니라"(전 9:9).

하나님은 부부가 즐겁게 살아가기를 원하신다. 결혼을 하면 전
에는 알지 못했던 새로운 즐거움을 누릴 수 있다. 이것이 행복이
다. 그런데 행복만이 결혼의 목적은 아니다.

"일의 결국을 다 들었으니 하나님을 경외하고 그의 명령들을 지킬
지어다 이것이 모든 사람의 본분이니라"(전 12:13).

하나님이 가정을 만드신 또 하나의 목적은 우리가 하나님을 경

외하고 그분의 말씀에 순종하며 믿음의 가정을 세워 나가는 것이다. 자녀에게 신앙을 전수함으로 하나님을 경외하는 다음 세대를 세워 가는 것이다. 그러기 위해서는 부부가 계속해서 성장해야 한다. 부부의 신앙이 퇴보하지 않고 계속해서 성장해 가야 한다. 자녀가 하나님이 어떤 분이고 어떤 일을 행하셨는지를 삶에서 경험하도록 하나님의 은혜를 나누어야 한다. 자녀들은 가정에서 부모가 하나님과 동행하는 삶을 통해 하나님을 볼 수 있기에, 부모는 그 안에서 하나님의 은혜를 많이 나누어야 한다.

결혼은 행복뿐 아니라 성장을 위한 목적을 가지고 있다.

"사람이 혼자 사는 것이 좋지 아니하니 내가 그를 위하여 돕는 배필을 지으리라"(창 2:18).

하나님을 경외하고 말씀에 순종하는 가정을 만들어 가라. 서로가 서로의 돕는 배필로서 하나님을 경외하고 말씀을 따라 살도록 이끌어 주라.

돕는 배필의 의미

하나님은 부부가 이 땅에서 서로 돕는 배필로 살아가도록 설계하셨다. 예전에는 돕는 배필이란 단어가 참 부담스러웠다. 왠지

잠언 31장에 나오는 현숙한 여인처럼 모든 걸 다 해내야 할 것만 같았다. 나는 살림을 잘하지 못하고 그다지 관심도 없었기에 아내로서, 돕는 배필로서의 역할을 잘 못 해내는 것 같았다. 남편 내조 잘하는 것이 돕는 배필이라고 말씀해 주셨던 선배 사모님들의 말들이 나를 좀 부담스럽게 했던 것도 사실이다.

창세기를 히브리어로 배울 때 돕는 배필의 의미가 '남편이 하나님을 예배하고 말씀에 순종하며 살도록 돕는다'는 의미임을 알게 되고는 자유함을 얻었다. 내조를 잘하는 여자, 모든 집안일을 잘해야 하는 여자의 의미가 아니었다. 그리고 이는 여자만 남자를 돕는 것이 아니라, 서로가 서로를 돕는 것이었다.

부부는 배우자가 하나님을 예배하고 말씀에 순종하며 살도록 돕는 역할을 감당하는 관계다. 하나님을 예배하도록 돕는다는 것이 단순히 교회를 잘 나가게 하는 것만은 아니다. 확장된 의미로서, 삶에서 하나님과 동행하며 살아가게 하는 것이다. 아무도 보지 않는 곳에서도 주님과 동행하며 하나님 중심의 삶을 살도록 도와주는 것이 배우자의 역할이다. 그리고 말씀에 순종하며 살도록, 말씀 앞에 정직하게 반응하며 살도록 돕는 것 또한 배우자가 해야 할 역할이다.

예를 들어, 회사에서 재정을 은밀하게 사용하거나 남이 한 일을 자기 업적으로 만들 수 있는 그 유혹 앞에서 하나님의 말씀에 순종하고 죄의 길을 선택하지 않게 하는 것이다. 남편 또는 아내가 이런 유혹과 죄의 길 앞에 있을 때 배우자가 말씀으로 잘 권면해서 그 말씀에 순종하도록 돕는다면, 이는 돕는 배필의 역할을 잘 감당한 것이다. 그러기 위해서는 부부가 하나님 앞에 깨어 있어야 한다. 말씀을 늘 묵상하고, 말씀을 삶에 적용하며 살아가야 한다.

하나님이 돕는 배필로 함께하게 하셨으니, 부부가 서로를 잘 도울 수 있도록 하나님의 도우심을 구하라.

서로 복종하라

부부에게 주신 말씀이 있다. 서로 복종하라는 말씀이다.

"그리스도를 경외함으로 피차 복종하라"(엡 5:21).

부부는 서로에게 복종해야 한다. 이 말씀은 부부가 서로 사랑하고 복종하는 관계임을 알려 준다. 남편만 아내를 사랑하고 아내만 남편에게 복종하는 것이 아니라, 서로가 함께하라는 의미다. 한쪽의 의무만 주장하지 말라는 의미다. 서로 사랑하고 복종하는 관계가 바로 부부 관계다.

아내는 남편의 사랑을 필요로 한다. 남편의 역할 중 가장 중요한 것은 아내를 사랑하는 것이다.

"남편들아 아내 사랑하기를 그리스도께서 교회를 사랑하시고 그 교회를 위하여 자신을 주심같이 하라"(엡 5:25).

성경은 남편이 아내를 사랑하되 예수님이 교회를 사랑하신 것처럼 사랑하라고 말씀한다. 예수님은 교회를 위해 죽기까지 사랑하셨다. 죽으심으로 사랑하셨다. 예수님이 교회를 아끼고 그를 위해 희생하셨듯이, 남편도 그런 마음으로 아내를 사랑해야 한다. 예수님이 기쁨으로 희생하고 헌신하셨듯이, 남편 또한 아내를 위해 기쁨으로 희생하고 헌신하는 자세가 필요하다. 어찌 보면 예수님이 섬김의 리더십을 보여 주신 것처럼 아내를 위해 섬김의 리더십을 보이라는 것이다.

내가 남편에게서 섬김의 리더십을 발견할 때는 나와 아이들을 위해 기꺼이 헌신해 주는 모습을 보게 될 때다. 부드러운 말로 연약한 나를 친절하게 대해 주고, 따뜻한 모습으로 아이들을 존중해 줄 때 남편을 통해 섬김의 리더십을 보게 된다. 특히 내가 힘들거나 아플 때 돌봐 주는 모습을 통해 남편의 섬기는 모습을 보게 된다.

남편이 아내의 머리요, 가장이라고 해서 그 권위를 주장하며 힘으로 눌러서는 안 된다. 머리지만 섬기는 리더로서 가족을 섬겨야 한다. 머리임을 주장하거나 그 힘을 발휘하는 것이 아닌, 섬기는 리더의 모습으로 아내를 섬길 수 있는 남편이 되길 바란다.

"남편들아 아내를 사랑하며 괴롭게 하지 말라"(골 3:19).

"남편들아 이와 같이 지식을 따라 너희 아내와 동거하고 그를 더 연약한 그릇이요 또 생명의 은혜를 함께 이어받을 자로 알아 귀히 여기라 이는 너희 기도가 막히지 아니하게 하려 함이라"(벧전 3:7).

앞의 두 구절은 남편들에게 아내를 괴롭게 하지 말고 지식을 따라 사랑하며 귀히 여기라고 말씀한다. 아내는 귀히 여겨 주어야 할 대상이다. 지식을 따라 존중하며 가치 있게 사랑해 주어야 한다. 아내를 사랑하고 귀히 여기는 남편은 주님과도 관계가 좋다. 아내를 사랑하기 위해 주님과 더 친밀해지라. 주님의 사랑으로 아내를 더 귀히 여기게 될 것이다.

아내들에게는 남편에게 복종하고, 남편을 존경하라고 말씀한다.

"아내들이여 자기 남편에게 복종하기를 주께 하듯 하라 이는 남편이 아내의 머리 됨이 그리스도께서 교회의 머리 됨과 같음이니 그가 바로 몸의 구주시니라 그러므로 교회가 그리스도에게 하듯 아내들도 범사에 자기 남편에게 복종할지니라"(엡 5:22-24).

남편에게 복종하라는 의미는, 교회가 예수님을 사랑함으로 그분에게 복종했듯이, 남편을 사랑함으로 그에게 복종하라는 것이다. 사랑하면 따르고 싶어진다. 기쁨으로 따르게 된다. 억지로, 마지못해 따르는 것이 아닌 자원함의 복종이다. 기꺼이 따라 주는 것이다.

남편들은 아내가 자신을 믿고 인정해 주기를 바란다. 아내의 의심하는 말이나 태도를 많이 힘들어한다. 어려운 상황에도 "당신 믿어, 당신은 잘 해낼 거야"라는 말 한마디가 남편에게는 기꺼이 순종한다는 의미로 다가갈 것이다. "당신이 뭘 한다고? 당신은 안 돼"라는 말은 남편을 따르지 않고 믿지 못한다는 의미로 전해진다. 남편은 자신을 믿고 따라 주는 아내가 있을 때 더 자신감을 갖게 될 것이며, 리더로서의 역할을 잘 해낼 수 있게 될 것이다.

부부 세미나에서 한 남편이 아내에게 간절히 부탁하는 말을 들었다. "나 좀 믿어 줘. 내가 하는 일에 잘한다고 한 번만 말해 주면 좋겠어." 이 말을 하는 남편에게 아내가 "당신 믿어, 지금까지 잘했어"라고 말하자 남편이 울기 시작했다. 얼마나 간절했던 걸까.

사랑과 순종은 누가 먼저 하느냐, 누가 어떻게 하느냐가 아니라 남편과 아내가 서로 사랑하고 순종하며 사는 것이다.

"너희도 각각 자기의 아내 사랑하기를 자신같이 하고 아내도 자기 남편을 존경하라"(엡 5:33).

이 말씀 앞에 사랑하고 존경하기로 헌신하는 부부들이 되기를 바란다.

가사 분담은 구체적으로

꿈만 같은 결혼식을 마치고 행복한 신혼여행을 다녀온 후, 신혼집에서 두 사람이 처음으로 겪게 되는 갈등이 집안일이다. 결혼 전에는 데이트하고 각자의 집으로 갔기에 좋은 모습으로 만나서 좋게 헤어져 갈등이 크지 않았다. 결혼 후에는 집에서 함께 보내는 시간의 대부분이 가사에 관련된 일이다. 관계보다는 일로 더 많은 시간을 보낸다. 그러다 보니 일로 인한 갈등이 두 사람을 어렵게 할 수 있다.

가사는 직장 업무와 다르게 끝이 없다. 사람에 따라 가사의 강도가 더 요구될 수도 있다. 그래서 연애 때는 알 수 없었던 가사에 대한 태도로 갈등이 생길 수 있다. 갈등의 요소가 크게 될 수 있는 가사에 대해서는 두 사람이 구체적으로 분담하는 것이 좋다. 특히 남자들에게는 가사라는 것이 생소할 수 있고, 맞벌이일 경우에는 같이 일을 하고 집으로 오기에 가사에 대한 분담은 구체적일수록 좋다.

먼저는 가사에 대한 목록을 작성하라. 그리고 매일 할 일, 일주일에 한 번 할 일 등 기간별로 정리하라. 설거지는 매일 하는 일이 될 것이고, 분리수거는 일주일에 한 번 하는 일이 될 것이다. 목록이 정리됐으면 각각의 일에 대해 혼자 할 것인지 함께할 것인지를 적으라. 예를 들어, 장 보는 것은 함께할 수 있으니 두 사람의 이름을 적고, 화장실 청소는 혼자 하는 것이 편하니 한 사람의 이름을 적는 것이다. 서로 논의해서 할 수 있는 만큼의 일을 정하고, 정리된 목록은 잘 보이는 곳에 붙여 놓으라. 자신이 할 일을 익숙하게 하기까지는 시간이 걸릴 것이다. 적응되어 할 수 있을 때까지 기다려 주고, 무엇보다 중요한 것은 못하더라도 비난하거나 강요하지 않는 태도다. 상대가 할 수 없는 상황이면 배려해 주는 자세가 제일 중요하다.

신혼 때 나는 남편이 집안일을 알아서 도와주길 바랐다. 그러나 말하지 않으면 하지 않는 모습을 보며 화를 냈었다. 왜 나를 도와주지 않느냐며 말이다. 남편은 무엇을 어떻게 구체적으로 도와줘야 하는지 알려 달라고 요청했다. 정말 모르겠다고. 그 후로 나는 매번 아주 구체적으로 요청했고, 나중에는 집안일을 나누어서 하게 되니 편해졌다.

출산 후 육아를 할 때는 이전보다 더 많은 일이 생겼고, 더 힘들어졌다. 끝이 없는 집안일로 지치기 일쑤였다. 그러다가 문득 생각했다. '왜 나는 매일 정리를 하지 않으면 불안하고 힘든 걸까?' 친정 식구들의 영향이 컸다. 친정 식구들은 항상 정리하고 쓸고 닦지 않으면 편하게 쉬지 못했다. 친정 식구들처럼 정리되지 않으면 쉬지 못하는 내가 너무 안쓰러웠다. 그리고 그렇게 살고 싶지 않았다. 매일 정리하고 자던 습관을 조금씩 내려놓았더니 정리하지 않아도 잘 수 있게 되었다. 며칠 동안 청소하지 않아도 괜찮았다. 나는 집안일보다 남편과의 관계를 더 중요하게 여겼고, 집안일에 대한 부담을 내려놓으니 마음이 편해졌다.

집안이 정리되지 않아 불안하면 자신의 마음을 먼저 돌보라고 말해 주고 싶다. 그리고 부부가 구체적으로 가사를 잘 분담해서 해 볼 것을 권한다. 잘 안 돼도 괜찮다. 집안일보다 중요한 것은 두 사람이다. 서로를 여유 있게 봐 주고 함께 집안일을 해 보라. 깨끗한 하우스보다 따뜻한 홈이 더 중요하다.

TIP. 가사 분담은 이렇게

1. 가사 목록을 작성한다.
2. 작성된 목록을 기간별로 정리한다(매일 할 일 / 일주일에 한 번 할 일 등).
3. 서로 논의해서 할 수 있는 만큼의 일을 정한다(혼자 할 것인지 함께할 것인지도 정한다).
4. 정리된 목록을 잘 보이는 곳에 붙여 놓는다.
5. 서로 익숙하게 할 때까지 기다려 준다.

맞벌이, 해야 할까

결혼 후 부부들이 고민하는 이슈 중 하나는 맞벌이를 할 것인가, 말 것인가이다. 최근에는 맞벌이를 더 원하는 추세다. 하지만 아이가 없을 때는 그나마 괜찮은데, 출산 후 맞벌이에 대한 고민은 신혼부부들 사이에서 갈등이 되는 이슈다.

아내들이 출산 후 맞벌이를 하게 되면서 갖게 되는 가장 큰 고민은 육아다. 맞벌이와 육아를 동시에 한다는 것은 힘들고 어려운 일이다. 남편들 중에는 초기에 열심히 벌어야 나중에 어려움이 없다며 아내들이 일하기를 원하는 이들이 있다. 그런 남편과 같은 생각을 가진 아내들은 맞벌이를 선택한다. 미래에 대한 불안과 재정에 대한 부담이 있으니 맞벌이를 할 수밖에 없다. 하지만 아이가 생기면 상황이 달라진다. 아이가 없을 때는 그나마 감당되던 것이 출산 이후에는 더 많은 도움과 지원을 필요로 하게 된다.

한국에서의 직장생활은 강도가 센 편이다. 출퇴근 시간이 자유롭지 못한 환경은 직장을 다니면서 아이를 키우기에 정말 힘든 구조가 아닐 수 없다. 그러다 보니 맞벌이를 포기하거나, 양가 부모님이 전적으로 육아 현장에 뛰어들게 된다.

기업에서 직원들을 상담하며 10년을 지내는 동안, 내가 본 워킹맘들은 늘 육아로 인한 어려움으로 갈등을 겪고 있었다. 평일에는 부모님 댁에 맡기고 주말에만 아이를 보는 경우, 부모님이 집에서 아이를 봐 주시는 경우, 부모님이 자녀의 집으로 출퇴근하면서 손주들을 봐 주시는 경우 그리고 종일반 어린이집에 아이를 맡기는 경우 등이 있었다. 그러나 이마저도 안 되어 결국엔 회사를 그만두고 육아를 선택하는 사람들도 있었다.

이처럼 결혼 후 가정을 이루고 나면 감당해야 할 역할과 책임에 부담이 생기기도 한다. '맞벌이를 해야 하나, 하지 말아야 하나'라는 질문에 본인 스스로 감당이 되는지를 묻고 싶다. 누구 때문도 아니고 누구를 위해서도 아닌, 본인 스스로가 감당이 되는지를 묻고 선택하면 좋겠다.

은주 씨는 남편의 부채로 인해 아이 둘을 낳고 직장을 다녀야만 했다. 아직 어린 아이들을 어린이집에 보내 놓고 출근할 때마다 마음이 힘들었지만, 이왕 일해야 하는 거면 효율적으로 해야 한다는 생각에 아이들 등하원과 집안일을 남편과 분담해서 자신이 감당할 수 있을 만큼의 일만 하고 있다. 그러면서 이 과정을 힘겨움보다는 의미 있는 시간으로 받아들이고 있다. 남편과 충분히 나누면서 서로 격려하며 가는 여정이 참 멋졌다.

한 부부는 아이를 어린이집에 맡기고 맞벌이를 하는데, 남편이 도와주지는 않으면서 아내가 계속해서 일할 것을 요구했다. 아내는 일과 육아보다 남편의 이러한 태도를 더 힘들어했다.

맞벌이를 결정하는 과정에서 부부가 놓치지 말아야 할 것은, 재정적인 필요를 채우기 위해 맞벌이를 요구하는 것보다 배우자를 향한 배려와 육아를 함께 분담해 주는 것이다.

가끔 맞벌이하는 부부들을 만나 보면, 배우자가 맞벌이를 요구하고 쉬지 못하게 할 때 정말 힘들고 지친다는 이야기를 한다. 맞벌이를 할 수밖에 없는 상황이라면, 육아와 가사를 함께 분담하고 배우자를 충분히 격려해 주길 바란다.

Q 결혼하고 나서 나만 더 힘들어진 것 같아요. 직장은 같이 다니는데 집안일은 왜 여자가 다 해야 하는 거죠?

일도 열심히 하고 가정도 잘 돌보는 영미 씨는 몇 년간 수입이 없는 남편을 대신해서 가정을 꾸려 갔다. 어이없게도 남편은 이런 아내를 너무나 당연하게 생각했다. 아니, 오히려 자기도 노력했다며 생색을 냈다. 나는 영미 씨가 안쓰러웠다. 아내를 소중히 여기며 사랑의 말이나 작은 행동 하나라도 보였으면 괜찮았을 텐데, 자기 엄마도 그렇게 살았다며 깐족거리는 남편의 태도가 정말 기가 막혔다. 아내는 남편 기 안 죽이겠다고 애쓰며 살고 있는데, 아내의 수고와 노력을 알아주지 않는 남편이 정말 얄미웠다.

나는 그 남편에게, 아내는 엄마가 아니라고 말해 주었다. 그리고 아내를 아내답게 존중해 줄 것을 요청했다. 아내인 영미 씨에게도, 무조건적인 희생과 헌신으로 자신을 방치하지 말고, 남편에게 정당하게 요구하고, 자신의 필요도 말하며 살아가라고 했다.

부부는 서로를 위하고, 서로를 배려하고, 서로를 아끼며 살아야 한다. 한쪽의 일방적인 희생과 헌신을 강요해서는 안 된다. 삼위 하나님은 당신의 형상대로 사람을 창조하시며 남편과 아내가 서로를 존중하며 섬기도록 하셨다.

배우자가 부모님이 하셨던 것처럼 해 줄 것이라는 기대를 버리자. 배우자는 당신의 부모가 아니다. 그러려면 부모님하고 살지, 왜 결혼해서 배우자를 힘들게 하는가? 배우자를 자신의 몸처럼 귀하게 여기고, 서로 위하고 섬기며 살아가길 바란다.

3.

부부 사이를
가로막는
장벽을 넘으라

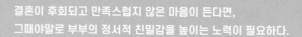

결혼이 후회되고 만족스럽지 않은 마음이 든다면,
그때야말로 부부의 정서적 친밀감을 높이는 노력이 필요하다.

결혼이 후회된다

결혼하고 나서 부부 관계가 소원해지거나 부부 갈등이 해결되지 않을 때 결혼을 후회한다고 이야기하는 이들이 있다. 그 말에는 아마도 배우자와 더 친밀해지고 싶고, 배우자에게 사랑받고 싶다는 의미가 숨어 있을 것이다. 사람의 내면 깊은 곳에는 사랑받고 싶고, 더 친밀해지고 싶어 하는 욕구가 있다. 그 욕구가 채워지지 않고 관계가 소원해지다 보니 결혼이 후회된다고 말하는 것이다. 결혼하고 나면 외롭지 않을 줄 알았는데, 더 외롭고 채워지지 않는 갈망으로 인해 후회가 되는 것이다.

부부 관계를 지속적으로 잘 유지시켜 주고 만족감을 얻기 위해 필요한 것이 정서적 친밀감이다. 결혼이 후회되고 만족스럽지 않은 마음이 든다면, 그때야말로 부부의 정서적 친밀감을 높이는 노력이 필요하다. 이때 주의할 것은, 결혼에 대한 후회하는 마음을 가질 수는 있지만, 계속해서 그 마음을 말로 표현하다 보면 부정적인 감정이 생겨 관계를 더 멀게 하거나 깨뜨릴 수 있으므로, 가능하면 부정적인 생각이나 말들을 하지 않아야 한다.

후회되는 마음이 들 때 관계의 회복을 도울 수 있는 몇 가지 방법을 제안하고 싶다.

자신의 마음을 솔직하게 나누라

먼저는, 자신이 배우자와의 친밀함을 원하고 사랑받고 싶은 마음이라는 것을 솔직하게 나누라. "후회돼, 괜히 결혼했어, 이게 뭐야, 당신 만나서 이 모양이야"라는 말 대신 "당신에게 사랑받고 싶어, 친밀함을 누리고 싶어"라고 말하라. 이런 말을 들은 배우자는 "뭔 소리야, 내가 얼마나 노력했는데, 더 이상 어떻게 해?"라고 방어하지 말고 "그렇구나, 나도 사랑이 필요하고 친밀함을 원해, 우리가 어떤 노력을 하면 좋을까?"라고 긍정적인 반응을 해 주라. 부부가 서로 원하는 말만 주고받아도 마음이 연결되고 친밀함을 느끼게 된다.

마음에 진짜 원하는 말을 하라. 사랑받고 싶고 사랑해 주고 싶은 마음을, 친밀함을 원한다는 것을 말하라. 그리고 나서 친밀한 부부 관계를 위해 두 사람이 원하는 것을 함께하라. 어떻게 사랑받고 싶은지, 어떤 친밀함을 원하는지를 알았다면 상대가 원하는 것을 해 주라. 어떤 부부는 새로운 방식의 데이트를 하거나 가까운 곳으로 여행을 다녀온다고 한다.

나는 남편과의 관계에서 친밀함이 느껴지지 않거나 관계가 소원해졌다는 느낌이 들 때면 오롯이 둘만의 시간을 갖는다. 1년에 두 번 이상은 가평 필그림하우스를 방문하는데, 가서 산책도 하고, 천로역정 길을 걸으며 이야기도 나누고, 카페에서 차를 마시며 함께 시간을 보내다 보면 어느새 친밀함이 생긴다. 이때 진짜 마음속 깊은 이야기를 하게 되는데, 서로에게 집중하다 보면 어느새 친밀함이 느껴지면서 사랑하는 마음이 다시 샘솟는다.

둘이 함께하는 시간 속에서 마음을 주고받는 대화는 필수 요소다. 정서를 나누는 시간을 가져야 한다. 부부의 갈등 요소 중 친밀감이 없어짐으로 오는 갈등도 크기에, 친밀한 대화의 시간을 자주 갖는다면 정서적 갈망도 해결될 것이다.

멘토를 만나라

두 번째로는, 도움을 줄 수 있는 멘토를 만나라. 당신을 사랑하고 아껴 주며 지혜로운 조언을 해 줄 멘토나 지인을 만나 나누어 보라. 가족이라도 당신에게 도움이 되지 않을 것 같다면 피하는 것이 좋다. 부정적으로 더 함몰시킬 것 같은 사람을 만나기보다 긍정적인 영향을 줄 사람을 만나라. 이런 사람과 만나 나누기만 해도 마음이 많이 편해지면서 부부 관계를 긍정적으로 볼 수 있는 여유가 생길 것이다.

마음에 여유가 없을 때는 모든 것이 다 부정적으로 보이고 극단적인 생각을 할 수 있다. 하지만 조금만 여유를 가져도 다른 관점에서 볼 수 있는 안목이 생긴다. 두 사람의 문제가 그리 크지 않다는 것과 회복할 방법이 있다는 것을 알기만 해도 금세 괜찮아진다.

나눌 만한 사람이 없다면 상담 전문가를 찾아가라. 따뜻한 상담사를 만나면 당신의 마음이 회복되면서 긍정적으로 될 수 있다.

주님의 도우심을 구하라

세 번째로는, 후회되는 요소에 대해 구체적으로 적어 보고 배우자와 어떻게 해결하면 좋을지 기도하면서 주님의 도우심을 구하라. 주님은 우리의 모든 생각과 마음을 알고 계신다. 주님은 우리를 가장 적절하게 도와주실 분이다. 그러니 부부 관계가 잘되기를 바라며 가장 적절한 도움을 주실 주님에게 기도함으로 도움을 구하자. 자신 안에 있는 이기적인 마음이나 숨겨진 죄성, 무력함, 절망, 부정적인 생각들을 주님이 회복하게 하시고 주님의 마음과 주님의 생각을 불어넣어 주시길 기도하자.

결혼하고 6년쯤 지났을 때 결혼 생활과 육아로 너무 힘들어서 잠시 기도하는 모임에 다녀온 적이 있었다. 말씀 듣고 기도하는 시간에 주님은 내 안에 있는 이기적인 모습을 보게 해 주셨고, 남편에게 상처 주었던 말과 행동에 대해 회개하게 하셨다. 그리고 우리 부부 관계를 잘 도와주실 것에 대한 소망을 붙들게 하셨다. 나는 그날 돌아와 남편에게 말과 행동으로 상처 주었던 것들을 진심으로 사과했다. 이후로는 이기적인 마음이 들 때마다 남편과 가정을 주신 주님에게 감사하는 시간을 갖는다. 그리고 나

면 남편과 결혼 생활에 대해 다시금 만족하는 마음을 갖게 해 주
신다.

현재의 어려움을 극복할 수 있는 것 중에 하나가 감사다. 주님
이 베풀어 주신 삶에 대해, 가족에 대해 감사할 때 어려움을 극복
할 수 있다. 배우자와 함께 결혼 생활을 통해 얻은 유익을 감사함
으로 적어 보라. 당신의 후회하는 마음이 감사의 마음으로 돌이켜
질 것이다.

◇ 결혼 생활에서의 감사

1. _____

2. _____

3. _____

TIP. 결혼을 후회하는 마음이 든다면

1. 자신의 마음을 솔직하게 나누라.
2. 멘토를 만나라.
3. 주님의 도우심을 구하라.

끌린 모습이 왜 점점 싫어질까

연애할 때는 누구나 상대에게 끌린 모습이 있었다. 그 모습 때문에 결혼을 결정했다. 그런데 살다 보니 끌린 모습이 점점 싫어지고 짜증이 나기도 한다. 왜 그럴까?

이성의 어떤 모습이 좋아서 끌리는 경우는 대개 자신의 약점이 상대에게는 강점으로 보이기 때문이다. 예를 들어, 나의 강점은 일의 속도와 결정이 빠른 것이고, 약점은 오랜 시간 기다리거나 깊게 생각하지 못하는 것이다. 반면 남편은 인내심이 강하고 무엇이든 신중하게 결정하는 성향이다. 나는 남편의 그런 인내와 신중함이 좋았고, 그가 주는 안정감이 매력적으로 느껴졌다. 그런데 살다 보니 남편의 빠르지 않은 행동과 바로 결정하지 못하는 모습에 짜증이 나기 시작했고, 가끔은 비난을 하기도 했다. 남편이 주차 후 천천히 정리하고 내릴 때면 속에서 불이 났다. 무엇을 결정하든 시간이 걸리는데, 빠르게 결정하지 못하는 모습에 짜증이 나는 것이다. 결국은 내가 힘들어하는 내 약점이 배우자에게서 보이니 내 약점에 대한 짜증을 상대에게 내는 것이다.

사실 배우자에게 부리는 짜증은 자기 자신에 대한 짜증과 불만족인 경우가 많다. 이렇게 싫어지는 모습을 좋아하려는 것이 쉽지는 않다. 나는 이 문제를 상대방을 통해 해결하기보다는 자신에게서 해결하라고 말하고 싶다. 나는 남편의 시간이 걸리는 행동과 결정에 짜증이 날 때 나 자신에게 "천천히 가도 돼, 쉬어 가도 돼,

당장 결정하지 않아도 돼, 괜찮아"라고 말하며 스스로를 돌본다. 그러고 나면 남편의 모습이 괜찮게 보인다. 오히려 그런 여유 있는 모습에 내가 조급하지 않게 되어 고마움이 생긴다.

주민 씨는 정리정돈을 아주 잘했다. 정리가 안 되면 불안하고 힘들어했다. 그런 주민 씨가 연애 때 남편의 자유로운 모습과 털털한 성격에 편안함을 느껴 결혼을 결심했다. 하지만 결혼 후 남편이 집 안을 어지럽히거나 집안일을 대충 할 때면 그 모습에 화가 나면서 남편의 행동이 다 못마땅했다. 정리하라고 잔소리를 해도 변하지 않는 모습에 남편이 더 싫어졌다.

주민 씨는 상담을 통해 정리정돈이 안 되면 불안한 이유가 자신의 상처였음을 알게 되었다. 정리되지 않으면 혼내는 어머니 때문에 늘 긴장 속에서 정리해야 했던 것이다. 남편을 만났을 때는 자신이 정리하지 않아도 혼내지 않고 그냥 수용해 주어서 좋았는데, 결혼 후 어느새 자기가 엄마의 모습으로 남편을 혼내고 있음을 알게 되었다. 정리되지 않은 집과 남편을 볼 때 모든 것을 남편의 잘못이라고 여겼던 주민 씨는 상담 이후 어질러진 집을 볼 때마다 '좀 어질러지면 어때, 정리하는 거 너무 힘들고 긴장돼'라고 자신의 감정을 표현하기 시작했다. 좀 더 진전되어서는 '괜찮아, 정리하지 않아도 누구도 너를 비난하지 않아'라고 말해 주었다. 시간이 지나자 이제는 집 안이 정리되지 않아도, 남편이 집안일을 대충 해도 편안해졌다. 오히려 그런 남편으로 인해 자신이 편안하게 있을 수 있는 집이 된 것을 고마워했다.

배우자의 모습에서 짜증나고 싫은 부분이 있는가? 배우자를 보기보다 자신의 내면을 보면서 내 약점, 내 결핍, 내 상처라는 것을 인식하고 자신을 수용하며 토닥여 주라. "그래도 괜찮아"라고. 배우자의 모습에 짜증내지 말고, 서로 있는 그대로 수용하며 살아가라. "이런 나도, 그런 당신도 괜찮아" 하면서 말이다.

결혼 후 5-6년이 가장 어렵다

결혼하고 나서 나는 5-6년의 시간이 가장 어려웠다. 연애 때 보지 못했던 배우자의 모습과 쉽게 화내는 내 모습에 실망이 되었다. 갈등 해결도 제대로 하지 못한 채 선교지에서 우리 부부만 있다 보니 관계는 관계대로 힘들고, 출산과 육아 또한 벅차고 힘들었다. 나는 나만 그런 줄 알았는데 대부분의 부부들이 결혼 후 5-6년의 시간을 제일 힘들어한다는 것을 알게 되면서, 그들을 돕는 가정 사역에 집중하게 되었다.

결혼 만족도가 결혼하고 나서 계속 떨어진다는 통계가 있다. 당신 부부만 만족도가 떨어지는 것이 아니다. 새로운 관계와 삶에 적응하는 과정에 출산과 육아까지 병행하다 보니 관계가 어려워지는 것이다. 결혼 후 부부 관계에도 적응이 필요한데 아이를 출산하고 나면 육아에도 적응이 필요하다. 배우자의 가족들과도 새로운 관계를 맺어 가야 하는데, 이 적응도 만만치 않다. 이 모든 상황들이 너무 짧은 시간에 이루어지다 보니 힘들고 어려운 것이 당연하다.

이 시기에 부부 관계를 포기하지 않기를 바란다. 이 힘든 시기가 결혼 생활의 전부는 아니다. 앞으로 살아갈 날들이 몇 십 년이나 남아 있다. 그에 비하면 5-6년은 워밍업의 시간이다. 준비하는 단계다. 따라서 숨 고르기를 하며 가면 된다. 이 시기의 어려움을 견디지 못해서 헤어짐을 선택하는 부부들이 있는데, 조금 더 살아 볼 것을 권한다. 5-6년이 지나면 적응되고 좀 더 편해지면서 여유를 찾게 될 것이다. 그러니 성급하게 헤어짐을 속단하지 말고, 숨을 고르며 이 시기를 지나가 보자. 서로가 서로에게 적응하고 더 많은 이해와 수용이 필요한 시기임을 기억하자.

그래서 이 시기에는 부부의 대화가 중요하다. 대화만 잘해도 이 시기를 잘 견디며 지나갈 수 있다. 대화할 시간이 많지 않다면 하루에 10분만이라도 서로에게 집중해서 이야기해 보자. 하루하루 견디고 있는 배우자를 격려하고 특히 출산과 육아로 지쳐 있는 배우자를 격려해 주자. 한마디의 격려가 이 시기를 잘 지나가게 도와줄 것이다. 이때 상대방에게 적극적으로 격려를 요청하자. 내가 듣고 싶은 말로 들어야 격려가 된다.

이 시기에 도움이 되는 것은 또래 부부들과의 만남이다. 또래 부부들을 만나서 교제하다 보면 다른 부부들이 겪고 있는 모습을 통해 우리 부부만 문제가 있는 것이 아님을 알게 된다. 마음이 편해지고 배우자에게 좀 더 너그러워질 수 있다.

우리 부부는 결혼을 준비하는 커플 또는 결혼 후 1-2년 지난 부부들과 한 달에 한 번씩 갖는 모임을 오랜 시간 지속해 왔다. 결혼 전에는 환상 때문에 다 좋다가도 결혼 후에는 실망하거나 어려운 때를 경험하게 되는데, 또래 부부들과 나누다 보면 마음이 좀 편해진다. 이들 부부들을 만나면서 우리 부부가 신혼 때 겪었던 일들을 들려 주면 다들 위로를 얻는다. 또래 부부들과 함께하는 시간들로 많은 부부들이 이 시기를 잘 넘어갔다.

많은 교회와 공동체들이 결혼 후 청년부에서 장년부로 올라가는 시기에 신혼부부들을 많이 놓친다. 청년부와 장년부의 분위기가 다르고, 교구로 소속될 때 또래가 없으면 구역 모임에 적응하기가 어렵기 때문이다. 이 시기에 공동체에서 신혼부부들을 위한 모임을 만들어 함께하도록 배려해 준다면, 부부들이 공동체 안에 적응하기도 쉽고, 서로 같이 성장하는 데 도움이 될 것이다. 결혼한 부부들이 상담해 올 때 가장 필요로 하는 것이 결혼 후 공동체에 소속되는 것이었다. 결혼 후 도움이 가장 필요한 시기에 공동체 안에 잘 소속되도록 도움을 주면 좋겠다.

부부싸움 시 집을 나가지 말라

부부의 갈등이 해결되지 않고 감정 절제가 안 되어 싸움이 커질 때 배우자 중 한 사람이 그 상황을 피하기 위해 집을 나가는 경우가 있다. 그 상황을 모면해야 서로를 지킬 수 있을 것이라 생각하고 나가는 것이다. 감정 절제가 안 되어 더 심하게 대할까 봐 피하는 것이다. 생각 없이 무의식적으로 그 자리를 피해서 나가지만, 집에 홀로 남겨진 사람이 겪는 감정은 생각보다 더 어렵다. 자신을 두고 나가 버린 배우자에게서 느끼는 감정은 자신을 버리고 나갔다는 버림받은 감정이다. 그래서 배우자가 나가고 나면 감정이 더 격해진다. 밖으로 나간 배우자는 바람을 쐬며 감정을 정리하고 들어올 수 있을지 몰라도, 남겨진 배우자의 감정은 더 안 좋아져서 들어온 배우자를 향해 더 격한 말과 행동을 보이게 된다.

한 아내는 남편이 싸우던 중 집을 나가자 집 안에서 문을 잠가 버렸다. 밖에 있던 남편은 몇 시간을 기다리다가 본가에 가서 하루를 보내고 왔다. 아내는 자신이 문을 열어 주지 않았음에도 하루 지나 들어온 남편을 향해 외박에 대한 비난을 쏟아냈다. 이 부부의 싸움 패턴은 아내가 남편을 쫓아내는 것이었다. 문의 번호를 바꾼다든지 안에서 문을 열어 주지 않는 잘못된 방식으로 싸우고 있었다. 이처럼 부부싸움에 룰이 없으면 서로에게 말 못 할 상처를 주며, 예상보다 빗나간 관계가 될 수 있다.

부부싸움에는 룰이 필요하다. 복싱 경기를 할 때 링 안에서 정해진 시간 동안 경기를 한 후 쉬는 시간을 갖듯이, 부부싸움도 하나의 경기로 보면 된다. 링 안, 곧 집 안에서 경기해야 한다. 그리고 쉬는 시간, 즉 타임아웃을 가져야 한다. 부부가 갈등을 해결하다가 싸움으로 번질 때 더 큰 부상을 당하지 않게 타임아웃을 갖고 숨 고르기를 해 주어야 한다.

타임아웃의 시간은 사전에 서로 조율해 두는 것이 좋다. 예를 들어, 감정이 격양되어 대화가 어려울 때 잠시 멈추는 시간을 30분 혹은 한 시간 정도로 정해 둔다. 두 사람 중 한 사람이 타임아웃이 필요할 때 "타임아웃"이라고 말한다. 그러면 상대는 그 의사를 존중해서 타임아웃을 함께 갖는다. 무시하거나 인정하지 않는 태도를 갖지 말라. 반드시 멈춰 주어야 한다. 그리고 정한 시간 동안 공간을 달리해서 떨어져 있으라. 한 사람이 방에 있다면 다른 한 사람은 거실로 나가라. 떨어져 있는 시간 동안 서로 격양된 감정을 가라앉히고 잠시 생각을 정리해 보라. 그리고 몇 가지 질문을 던져 보길 권한다. '이게 이렇게 싸울 일인가?', '이 싸움을 누가 기뻐할까?', '무엇 때문에 화가 났는가?', '내가 원하는 것은 무엇일까?' 몇 가지 질문만 해도 정리가 될 것이다. 그리고 잠시 기도하라. 갈등을 잘 해결할 수 있는 지혜를 주시도록 주님에게 도움을 구하라.

타임아웃 후에 만나면 부부가 편한 감정으로 대화할 수 있다. 생각이 정리되었기에 갈등을 좀 더 잘 해결할 수 있다. 이런 연습을 계속하다 보면 자동적으로 갈등 시 서로 격양된 감정까지 가지 않고도 생각을 전하게 되거나 타임아웃 시간이 점차 짧아지게 될 것이다.

우리 부부도 신혼 때는 갈등을 잘 해결하지 못해 힘든 적이 있었다. 나는 부부 싸움 도중 감정이 격양되어 남편에게 "나가"라고 말한 적이 있다. 남편은 격양된 나를 피하기도 해야겠고, 때마침 나가라고 해서 정말 나갔는데, 남편이 나간 후 내게 밀려온 감정은 홀로 남겨진 외로움과 버림받음이었다. 한참 후에 들어온 남편에게 내 감정을 말한 후, 앞으로는 나가라고 해도 다시는 나가지 말아 달라고 부탁했다. 남편도 내게 집을 나가라는 말은 절대 하지 말라고 부탁했다. 너무 비참하다고.

그 후 우리는 서로 다른 공간에서 타임아웃에 필요한 시간으로 한 시간을 정했고, 타임아웃 후에는 반드시 만나서 대화하기로 룰을 정했다. 룰을 정했기에 나중에는 타임아웃이 자연스러워졌다. 지금은 굳이 타임아웃을 하지 않아도 격양된 감정으로 가지 않을 뿐더러, 가더라도 순간 인식하고 가라앉히는 노련함이 생겼다. 이처럼 싸울 때는 부부만의 룰이 필요하기에, 부부가 함께 정하고 행동으로 옮겼으면 한다.

다시 한 번 강조하지만, 부부싸움을 하더라도 집을 나가진 말라. 그리고 배우자를 밖으로 내쫓지 말라. 그러다가 진짜 나갈 수가 있다. 집 안, 곧 링 안에서 경기를 잘 해내는 부부가 되기를 바란다.

TIP. 부부싸움도 룰을 정해서

1. 링 안(집 안)에서 싸우라.
2. 타임아웃을 가지며 잠시 떨어져 있으라.
3. 갈등 해결을 위한 지혜를 구하며 기도하라.
4. 함께 대화하라.

부부싸움은 부모님께 알리지 말라

부부가 싸움을 하고 나면 둘이서 해결하지 못하고 부모님께 알려서 도움을 요청하는 경우가 있다. 당시에는 자기편에서 이야기를 듣고 공감해 주어 마음이 편하겠지만, 시간이 지나면 후회하게 된다. 그 말로 인해 배우자가 어려움을 겪을 수 있기 때문이다. 본가 가족들은 부부가 쉽게 용서하고 풀어지듯이 쉽게 풀어지지 않을 수 있다. 그러다 보면 그 말을 마음에 두고 배우자와 갈등을 만들어 낼 수 있다.

소연 씨는 남편과 심하게 싸운 후 친정 부모님께 전화해서 남편과의 어려움을 이야기했다. 당시 부모님은 소연 씨 편을 들며 사위를 혼내 주겠다고 하셨다. 그 말에 소연 씨는 자기편이 생겼다며 안심을 하고 전화를 끊었다. 그다음 날, 소연 씨는 남편과 대화하면서 갈등을 해결한 후 남편을 용서하고 앞으로 잘 지내기로 했다. 둘은 더 친밀해졌으며 관계의 어려움도 없어졌다. 그런데 문제는 부모님이었다. 남편을 껄끄럽고 못마땅해 하며 예전과는 다른 태도로 대하시기 시작했다. 그리고 술을 드시고 나면 사위에게 전화해서 딸을 힘들게 하지 말라며 혼을 내셨다. 이런 일들이 반복되면서 남편도 불편해지기 시작했다. 그런 관계를 지켜보던 소연 씨가 부모님한테 서운함을 드러내자 부모님은 황당해하셨다. 딸 편에 서서 사위를 대한 것인데 딸이 부모님께 그런 태도를 보이자 괘씸해하셨다. 모두의 관계가 꼬여 버린 것이다. 나는 소연 씨에게, 이후로는 남편과의 싸움에 대해 그 어떤 것도 알리지 말고, 말하고 싶으면 안전한 친구나 멘토에게 하라고 조언을 했다.

부모는 자녀 일에 객관적 태도를 보이기가 어렵다. 두 사람 사이에서 이성적이고 합리적인 태도로 대하기가 쉽지 않다. 너무 몰입해서 관계를 어렵게 할 수 있으므로 나누지 않는 것이 좋다. 또한 부모님에게 배우자에 대해 흉을 보거나 부정적으로 말하는 것이 습관이 되면 배우자는 더 이상 설 곳이 없어진다. 모두 그 한 사람을 미워하게 되기 때문이다.

두 사람의 싸움은 둘이서 해결하는 연습을 하라. 부모님이나 형제자매에게 나누지 말고 다른 안전한 사람(멘토)에게 나누라. 부부는 싸울 때는 미운 마음이 들어도 회복하고 나면 언제 그랬냐는 식으로 관계가 풀린다. 한 몸이기에 그렇다. 하지만 부모님이나 형제자매들은 그럴 수 없기에 나누지 않는 것이 부부 관계를 지켜 가는 지혜로운 방법일 것이다.

다른 이성에게 끌린다면

드라마를 보다 보면 외도가 아름답게 포장되어 나올 때가 있다. 저런 외도는 당연하다고 느끼게끔 말이다. 그러나 당연한 외도는 없다. 드라마에서 미화된 외도의 모습을 보고 배우자 아닌 대상과의 외도를 꿈꾸지 말라. 외도로 인해 겪게 되는 남겨진 가족의 상처는 상상 이상으로 고통스럽다.

수민 씨는 남편의 외도를 안 후 삶을 포기하다시피 무기력해졌다. 먹을 수도, 잠을 잘 수도 없을 만큼 힘들어했다. 숨 쉬는 것조차 버거워 보였다. 아이들 생각하면서 상담 받고 회복해 가기는 했지만, 그 과정은 정말 처절할 만큼 힘겨워 보였다. 결국 남편의 변화가 없어서 결별하게 되었다. 참 마음이 아팠다.

부모의 외도를 경험한 자녀들은 성인이 된 후 이성을 만나 연애하는 것에 어려움을 겪곤 한다. 부모의 그 모습이 용서가 안 되는 경우에는 자신이 그런 것 같은 죄책감에 빠지기도 한다. 한순간 다른 이성과의 로맨틱한 사랑의 대가가 가족 전체를 고통 가운데 빠지게 하는 것이다.

외도에는 육체적 외도만 있는 것이 아니라 정서적 외도도 있다. SNS를 통해 고민을 나누거나 격려하는 것 등이 정서적 외도에 속한다. 배우자 이외에 다른 이성과 긴밀한 정서를 나누며 비밀로 만나는 것은 배우자에게 상처가 될 수 있다. 배우자에게 당당하게 소개하거나 무엇을 나누는지 공개할 수 없다면 이는 벌써 위험한 관계로 가고 있는 것이다. 그러니 배우자 외에 직장에서 따로 만나는 이성, 밤에 고민을 나누고 있는 이성이 있다면 이들에 대해 철저히 경계하라.

부부들에게 부탁한다. 운전석 옆자리는 배우자를 위해 비워 두라. 그리고 마음도 다른 사람에게 빼앗기지 않도록 사랑하는 배우자로 채워 두라. 누군가에게 허하는 순간 그 유혹을 이겨 내기란 어렵기에 기회조차 주지 말아야 한다. 사랑은 사랑하는 사람의 자리를 그 어느 누구에게도 내어 주지 않는 것이다. 서로에 대한 책임과 배려하는 마음이 필요하다.

다음 말씀을 묵상해 보라.

> "누구든지 언제나 자기 육체를 미워하지 않고 오직 양육하여 보호하기를 그리스도께서 교회에게 함과 같이 하나니"(엡 5:29).

예수 그리스도가 교회를 위하셨던 것처럼 육체를 양육하고 보호하라고 말씀한다. 양육의 의미는 '상대방이 성장할 수 있도록 도와주고 보호해 주는 것'이다. 내 것이라고 마음대로 행하는 것이 아니라, 상대방을 보호하고 배려하며 돌봐 주는 것이다.

특히 요즘에는 드라마나 영화가 주는 메시지를 성경적 관점으로 비판하고 판단하는 능력을 키우는 것이 매우 중요하다. "배우자 아닌 다른 사람과도 사랑할 수 있는 게 요즘 트렌드이고 문화인데 어때?"라고 외도를 합리화하지 말고, 오직 하나님의 말씀이 기준이 되어야 한다. 우리 힘으로는 지키기가 어렵기에 주님의 도우심을 구해야 한다.

경은 씨는 남편이 아닌 다른 남자를 사랑하게 되었다며 나에게 도움을 요청했다. 아이까지 있는데 다른 남자에게 흘러가는 마음을 막지 못해 내게 연락을 해 온 것이다. 남편에게 미안하고 자신에 대한 자책이 심해지면서 괴로움을 겪고 있었다. 나는 경은 씨에게, 다른 남자에게 가는 마음을 막기보다 먼저 주님에게 초점을 맞추라고 권면했다. 심한 죄책감 가운데 있어서, 주님 앞에 가서 용서를 구하고 주님의 사랑을 회복하는 일이 먼저 필요했다. 또한 상대에게 마음이 향하는 것을 멈추기 어려워, 주님에게 가서 용서와 사랑을 누리게 하는 것이 좀 더 수월한 방법이었다. 감사하게도 주님이 경은 씨를 깊이 만나 주셨고, 그 사랑을 확신한 후 그녀는 용기 내어 남편에게 다가갈 수 있었다. 이후 부부 관계는 회복되었다.

사랑해서 결혼했는데, 결혼 생활을 하면서 배우자 이외의 다른 이성에게 끌리는 것이 이해되지 않거나, 자신에게 이런 마음이 생겼다는 것에 대해 당황스럽고 힘들 수 있다. 하지만 이유는 간단하다. 결혼하고 나서 배우자와의 시간을 충분히 보내지 못했기 때문이다. 또한 다른 이성과 많은 시간을 함께하면서 마음이 흔들렸기 때문이다. 단순히 시간만 보내는 것이 아니라, 고민이나 사적인 이야기를 많이 나눌 때 감정이 흘러갈 수 있다. 그러면서 합리화를 한다. 육체적인 스킨십은 없으니 괜찮다고 말이다. 하지만 정서적 외도도 외도의 한 형태다.

◇ 정서적 외도가 될 수 있는 경우

- 배우자 아닌 다른 이성과 늦은 시간에 자주 SNS를 주고받거나 통화를 한다.

- 배우자보다 다른 이성을 생각하는 시간이 많고, 그 사람을 신경 써서 외

모를 꾸민다.

- 배우자에게는 따뜻한 미소 한번 주지 않으면서 다른 이성에게는 자신의 감정을 공유한다.
- 두 사람만의 암호를 사용해서 연락한다.
- 다른 사람들 모르게 정기적으로 둘이 만난다.
- 만나서 헤어질 생각을 하면 마음이 아프다.
- 다른 이성을 생각하며 지속적으로 공상을 한다.
- 둘이 만날 수 있는 환경을 만들려고 애쓴다.
- 다른 이성을 위한 특별한 선물을 준비한다.
- 다른 이성에 대한 마음을 주님 앞에 자신 있게 표현할 수 없다.

위의 내용 중에 한두 가지라도 해당된다면 당신은 정서적 외도로 가고 있는 것이다. 정서적 외도가 육체적 외도로 발전한다. 만나다 보면 더 같이 있고 싶고, 시간과 마음을 주고받다 보면 가벼운 스킨십으로 쉽게 진전이 된다. 스킨십을 하는 순간 성관계를 맺고 싶은 강한 욕구가 일어나기에 아주 위험할 수 있다.

처음에는 다들 그냥 연락하다가 고민을 나누게 되었고, 편하다 보니 자주 만나게 되었고, 자주 만나다 보니 마음을 절제할 수 없게 되었다고 한다. 자신을 너무 맹신한 탓이다. 결혼했어도 우리는 다른 이성을 볼 때 사랑의 감정이 생기거나 호르몬이 분비될 수도 한다. 그러나 시간이 지나면 감정도 호르몬도 결국 멈추게 된다. 멈추고 나면 왜 이런 행동을 했는지 후회하게 될 것이다.

결혼 후의 이런 감정과 호르몬보다 더 강력한 힘은 하나님의 말씀이다. 말씀 앞에 서야 한다. 말씀이 우리를 멈추게 한다. 말씀 앞에서는 어떤 핑계도 댈 수 없다. 하나님이 싫어하고 죄라고 하신 영역이다. 이 말씀 앞에 서야 한다.

타협은 없다. 멈추어야 한다. 이제 마음을 주님에게로 가져가자. 주님 앞에 회개하자. 이런 마음을 품은 것에 대해 회개하고 돌이키자. 사랑은 서로를 향한 헌신과 책임이다. 배우자를 향해 책임 있는 남편과 아내가 되어야 한다. 그리고 더 깊은 헌신으로 배우자를 사랑해야 한다.

더 노력해서 배우자와 시간을 보내고 데이트를 하라. 좋은 곳에 가고 많은 이야기를 나누려고 노력하라. 특별한 시간을 보내라. 놀라운 것은, 이렇게 배우자에게 최선을 다할 때 배우자와의 친밀함이 회복된다는 것이다.

정말 조심할 것은, 영적인 나눔을 시작으로 이성에게 신앙 상담을 지속적으로 받는 것이다. 특히 사역자는 안전하다고 생각한다. 사역자는 이성이 상담을 요청해 올 때 반드시 배우자와 함께 만나는 것을 전제로 하라. 싱글일 경우에는 밀폐된 공간에서 단 둘이 만나서는 안된다. SNS도 위험하다. SNS로 나눈 것은 배우자에게 떳떳이 보여 줄 수 있거나 배우자가 알아도 될 내용이어야 한다. 상담이라는 이유로 둘만의 비밀을 만들어 가기 시작할 때 정서적 외도의 길로 들어서게 된다. 그러니 부득이하게 상담이 필요하다면 배우자와 함께 만나거나 동성에게 상담을 받으라.

배우자의 외도는 단순히 바람피우는 정도로 간단한 것이 아닌, 두 사람의 관계를 깨뜨리고 무너뜨리는 행위다. 다시 회복하기까지 얼마나 많은 에너지와 시간과 힘이 필요한지 모른다. 배우자의 외도를 알게 된 배우자는 끊임없이 보이지 않는 이성과 싸우게 된다. 배우자에 대한 신뢰가 산산조각 난 것이기에 제정신으로 견디기 어렵다. 따라서 쉽게 용서하라고 말해서는 안 된다. 그렇게 쉬운 용서가 아니다. 회복과 치유가 되기까지는 수년이 걸릴 수 있고, 어쩌면 회복이 안 될 수도 있다. 그 시간을 견뎌 내는 것은 매우 어려운 과정이다. 그러니 외도로 가기 전에 멈추고 배우자에게로 마음을 돌려야 한다.

나는 남편 이외의 다른 사람에게 마음을 빼앗길 일은 없을 것이라고 자부했었다. 남편만을 사랑하며 우리 사랑은 변함없을 것이라고 확신했었다. 한동안 외부에서 일을 한 적이 있었는데, 한 남성이 아주 나이스하게 잘해 주고 배려해 주며 자신의 고민을 털어놓기 시작했다. 고민을 들어 주면서 함께 많은 시간을 나누게 되었다. 물론 일터였고 오픈된 장소에서 만났음에도 많은 시간을 함께하다 보니 마음이 조금 흔들리기 시작했다.

나는 내 마음이 상대에게 기울어져 가고 있음을 인식하고 기도한 후 남편에게 이야기했다. 자주 만나서 고민을 들어 준 분이 있는데 그 친절함에 마음이 조금 기울었다고 정직하게 말했다. 감사하게도 남편에게 털어놓고 나서는 감정이 더 이상 진전되지 않았다. 그 후로는 그분과 만날 수 있는 환경을 만들지 않고 필요 이상의 친절을 거절했다. 그리고 남편과 더 많은 시간을 보내면서 마음을 나누고 여행도 다녀왔다. 나는 이 사건을 계기로 우리에게는 흔들릴 수 있는 연약함이 있다는 것을 인식했고, 주님 앞에 서 있는 것과 부부가 함께 친밀한 시간을 보내는 것이 얼마나 중요한지를 깨닫게 되었다.

부부는 서로에게 집중할 때 흔들림이 없다. 그리고 주님의 말씀을 기억하고 두려워할 때 더 나아가지 않는다.

친절하게 다가와 많은 것을 이야기하는 이성을 조심하라. 과도한 친절에는 경계선을 그어도 좋다. 그런 환경을 만들지 말며, 자신을 너무 믿지 말라. 서 있는 자는 넘어질까 조심하라고 성경은 말씀한다. 우리는 사탄에게 어떠한 작은 틈도 내어 주지 말아야 한다.

일터에서 많은 시간을 보내는 분들에게 권면한다. 하루에 5-10분은 배우자와 대화하는 시간을 가지라. 일주일에 몇 시간만이라도 배우자와 집이 아닌 다른 곳에서 데이트를 하라. 그리고 1년에 한 번은 배우자와 특별한 여행을 떠나라. 나는 매년 남편과 1박 2일 동안 바다가 있는 곳으로 여행을 다녀온다. 그 시간은 20년이 넘은 우리 부부에게 친밀함을 더해 준 좋은 선물이 되었다. 부부가 넉넉히 지닐 수 있는 친밀함을 특별한 여행과 데이트에서 얻게 된다.

부부에게 우선순위를 두라. 하나님 다음으로 우선순위를 둘 사람은 배우자뿐이다. 배우자를 향한 책임과 헌신을 끝까지 감당할 수 있도록 주님의 도우심을 구하라.

외도 후에

배우자를 가장 용서하기 힘든 일은 아마도 배우자의 외도일 것이다. 외도 이후 관계가 회복되기까지는 많은 시간이 걸리며, 많은 아픔과 고통의 시간이 지속된다.

외도한 배우자는 자신의 배우자에게 용서를 구한 후 반드시 하나님 앞에서 철저히 회개해야 한다. 죄를 지었음을 인정하고 주님의 용서하심에 감사하며, 다시는 다른 이성에게 마음과 육체를 내어 주지 않도록 태도를 돌이키는 회개까지 가야 한다. 주님 앞에 서야 한다. 주님의 말씀 앞에서 자신과 배우자의 회복과 치유를 위해 기도해야 한다. 인간의 힘으로는 너무도 어려운 과정이기에 주님의 도우심을 구해야 한다.

회개 이후 어떤 경우에도 외도한 이성과는 연락하거나 만나지 말아야 한다. 미련과 연민을 두거나 어떠한 틈도 내어 주지 말아야 한다. 주님과 배우자에게 집중해야 한다. 그래야 자연스럽게 떠날 수 있다.

배우자가 외도를 알고 쏟아 붓는 감정에 대해 받을 준비를 하라. 이전에 알던 배우자의 모습이 아닐 것이다. 고통스럽고 아프고 힘든, 그러면서도 분노하는 배우자의 모습을 보게 될 것이다. 그 모습을 견뎌 주라. 당신이 외도한 대가가 배우자의 마음을 그렇게 아프게 한 것이기에, 배우자가 회복될 때까지 그 모습을 견디며 받아 주어야 한다. 시간이 걸릴 것이다. 당신도 고통스러울 것이다. 하지만 두 사람이 이 터널을 지나야 치유의 과정으로 들어갈 수 있다.

가까운 지인이 남편의 외도를 알고 식음을 전폐했다. 몇 번 까무러치고 입원을 했다. 너무 힘들어해서 상담을 받게 해 주었으나 그럼에도 시간이 필요했다. 충분히 아프고 충분히 표현하고 나서야 치유가 되었다. 배우자가 미안해했고 용서를 구했기에 부부는 다시 회복이 되었다. 하지만 배우자가 뉘우치지 않고 변하지 않은 다른 커플은 결국 이혼을 했다.

배우자에게 외도한 사실에 대해 용서를 구하라. 어떤 핑계도 대지 말라. 당신이 나를 사랑해 주지 않아서, 외로워서, 잠자리를 거부당해서라는 등의 외도의 책임을 배우자에게 전가하지 말라. 배우자를 두 번 고통스럽게 하는 말이다. 외도의 사실을 받아들이기도 힘든데 그 책임이 본인에게 있다고 하면 어느 누가 그 상황에서 "당신이 그럴 수밖에 없었겠네" 하며 동의하겠는가. 절대 있을 수 없는 일이다. 자신의 잘못임을 인정하고 배우자가 용서할 때까지 기다려야 한다. 아무리 믿음이 좋아도 외도한 배우자를 용서하기는 쉽지 않기에, 배우자가 용서할 때까지 조용한 기다림이 필요하다. 이 과정을 부부가 감당하긴 어렵기에 전문 상담가에게 도움받기를 권한다.

배우자의 외도를 알고 난 이후에 배우자의 외도를 추적하지 말라. 상대를 만나거나 알아내려 하지도 말라. 배우자의 휴대폰과 문자 메시지를 몰래 보거나 지갑이나 물건을 검색하지도 말라. 알아

갈수록 당신 자신만 더 괴롭고 힘들다. 보이지 않는 상대와 싸우지 말라. 또한 자신의 분노를 수용하고 충분한 분노를 표하되 상대에게 상처를 주는 폭언, 폭력은 사용하지 말라. 상처를 받았기에 분노가 나는 것은 당연하다. 하지만 분노를 잘 표현해야 문제를 해결할 수 있다. 물론 너무 빨리 용서하려고 없던 일처럼 회피하는 것도 좋지 않다. 시간이 걸리더라도 자신의 아픔, 고통, 슬픔에 대해 표현하라. 무엇보다 배우자의 외도의 이유를 자신의 잘못으로 돌리지 말라. 자책하는 것은 건강한 치유의 과정이 아니다.

진짜 괴롭고 아픈, 힘든 시기일 것이다. 전문 상담가와 주님의 도우심을 받으라. 따뜻한 멘토나 지인에게 위로를 받으며 이 시간을 건디길 바란다. 배우자에게 이런 고통과 아픔을 주지 않기 위해 다른 이성과 외도하지 말고 부부 관계를 잘 지켜 나가기를 바란다.

Q | 못살겠어요.
아내의 이상한 성격이 감당 안 돼요. 뭐가 문제죠?

동규 씨는 아내인 지영 씨의 분명한 일처리와 책임감 있는 모습에 반해서 결혼을 했다. 자신은 선택하는 데 시간이 걸리고 눈치를 보는 반면, 아내의 일하는 방식과 속도가 시원시원해서 마음에 들었다. 그런데 막상 결혼해서 살다 보니 웬걸? 아내는 남편이 쉬는 꼴을 그냥 두고 보지 못했다. 주말이니 좀 쉬겠다는데도 잔소리 폭격은 멈출 줄을 몰랐다. 동규 씨는 해야 할 일들이 진행되지 않았을 때 힘들어하거나 가라앉아 있는 아내의 모습이 이해되지 않았다. 잠시도 쉴 틈을 주지 않고 계속해서 계획에 따라 움직이게 만드는 아내가 너무 힘들고 감당이 안 되었다.

두 사람의 성격을 검사해 보니, 남편은 계획과 상관없이 자기 마음대로 움직여야 편한 성격이었고, 아내는 계획에 따라 일정을 진행해야 편하며, 완벽할 때까지 집중하는 성격이었다. 두 사람의 성격이 다르다 보니 갈등이 생길 수밖에 없었다.

지영 씨에게, 일정에 따라 움직이지 않거나 잘하지 않으면 마음이 어떠냐고 물었더니 불안하다고 대답했다. 자라 온 과정에서 일정대로 움직이지 않으면 늘 혼나 왔던 경험들 때문에 그런 패턴이 생긴 거였다. 그렇게 요구했을 때 남편의 마음은 어떤지를 물어보았더니, 부담되겠다며 남편의 마음을 공감해 주었다. 동규 씨도 환경으로 인해 형성된 아내의 성격을 이해하게 되면서 아내를 수용해 주었다. 두 사람은 이러한 이해를 바탕으로 서로에게 맞춰가며 행복한 결혼 생활을 유지해 가고 있다.

자신의 사소한 습관 하나도 고치지 못하면서 상대의 성격을 변화시키려고 하지 말라. 일방적으로 감당해 내려고도 하지 말라. 서로를 조금씩 이해하고 수용해 갈 때 관계가 편해진다.

4.

착한 며느리,
착한 사위로
살지 말라

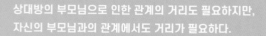

상대방의 부모님으로 인한 관계의 거리도 필요하지만,
자신의 부모님과의 관계에서도 거리가 필요하다.

시댁과 처가, 어떤 관계로 지내야 할까

　결혼 후 어려운 과제 중 하나가 시댁과 처가와의 관계다. 부부는 갈등이 없는데 부모님들로 인해 갈등이 생길 수 있다. 이러한 갈등을 막기 위해 결혼 전부터 두 사람이 룰을 세워 두는 것도 괜찮다. 그래야 결혼 후에 당황하지 않는다.

　나는 부부들에게 두 사람이 우선이라고 계속 강조한다. 두 사람이 하나로 의견을 모아서 부모님께 전해야 한다. 그리고 부모님의 의견과 배우자의 의견이 다를 때 부모님보다는 배우자의 의견을 더 존중해 주어야 한다. 그 후에 서로 조율해 가는 과정이 필요하다. 이때 부모님이 절대 간섭하거나 조종하지 못하게 하라. 배우자보다 부모님이 우선이 되어서는 안 된다.

　"우리 부모님한테 이 정도는 해야 하지 않냐, 이렇게 해라"등 배우자에게 요구하는 태도는 좋지 않다. 서로 자신의 부모에게 더 잘해 주기를 기대하기보다는, 양가 부모님의 상황과 여건에 대해 충분히 생각한 후 함께 결정하라. 부모님 용돈을 얼마나 드려야 할지, 언제 찾아뵈면 좋을지 등 일어날 수 있는 상황에 대해서도 미리 시나리오를 짜고 대화해 보라. 그리고 두 사람의 의견을 조율해서 부모님께 말씀드리라.

신혼집의 비밀번호는 부모님에게 알려드리지 않는 것이 좋다. 부모님은 도와주겠다고 오시는 거겠지만, 연락 없이 오시는 것은 물론, 살림이나 육아에 대해 이것저것 말씀해 주시는 것 또한 스트레스가 될 수 있다.

친정엄마가 일하는 나를 위해 가끔 반찬을 가져다준다며 연락 없이 오실 때가 있었다. 처음에는 말을 못 하다가 우리 부부에게 너무 큰 스트레스가 되면서 경계선 침범이라는 생각이 들었다. 그래서 연락 없이 오시면 어렵고 불편하다고 말씀드리며 앞으로는 꼭 연락하고 오실 것을 정중하게 요청드렸다. 그럼에도 불구하고 계속 연락 없이 오셔서, 다음에도 이렇게 오시면 엄마를 들어오게 할 수 없다고 말씀드렸다. 그럼에도 엄마는 또 연락 없이 오셨다. 너무 죄송했지만, 연락하고 다시 오시라며 엄마를 댁으로 돌아가시게 했다. 엄마를 보낸 후 마음이 너무 아팠지만 이 방법이 아니면 경계선을 그을 수 없었기에 어쩔 수 없이 해야 했다. 감사하게도 그 이후로 엄마는 전화로 먼저 연락을 주신 후 내가 오라고 할 경우에만 오시게 되었다. 더 감사한 것은, 이후에 엄마랑 더 건강한 관계로 지내게 되었다는 것이다.

시부모님도 때로는 내가 하기 어려운 일을 요구하신 적이 있었다. 맏며느리이니 친척들 경조사를 챙기라고 하신 것이다. 나는 정중하게 "아버님, 저는 일을 하고 있고 주말엔 일이 더 많아서 친척들 경조사를 챙길 수가 없습니다. 제가 챙길 수 있는 가족의 경조사는 부모님과 형제들까지예요. 죄송해요"라고 말씀드렸다. 처음에는 당황해하시는 듯했으나 "알았다"라고 하신 후 더 이상 요구하지 않으셨다. 그 후에 시댁에서 요청하는 일들은 남편과 논의해서 정직하게 말씀드렸다. 부모님도 이런 우리를 이해하신 후로는 무리한 요구를 절대 하지 않으신다. 나는 우리 시댁 식구들이 편하고 좋다. 명절에 편하게 가 있을 수 있는 건강한 관계인 것이 감사하다. 이처럼 할 수 있는 만큼만 하는 것이 건강한 관계를 잘 유지하게 해 준다.

미희 씨는 결혼 전부터 부모님의 심한 간섭으로 결혼 준비가 힘들었다. 부모님이 자신을 못 믿는 것 같고, 늘 혼나는 것 같아 우울했다. 결혼 후에도 부모님의 간섭이 많아지자 행복해야 할 결혼 생활에 기쁨보다는 우울감이 더 커지게 되어 상담을 받게 되었다. 미희 씨는 상담 후 부모님께 자신의 마음을 전했다. 그리고 남편의 도움을 받아, 하실 말씀이 있으면 남편과 함께 있을 때 말씀해 주시길 부탁드렸다. 부모님은 자신의 딸이지만 더 이상 간섭할 수 없음을 인정하셨다.

이처럼 상대방의 부모님으로 인한 관계의 거리도 필요하지만, 자신의 부모님과의 관계에서도 거리가 필요하다.

경계선을 그으라

부부와 부모님 사이에는 경계선이 필요하다. 경계선이 필요한 이유는 부부가 보호를 받기 위해서다. 사랑이라는 이름으로 간섭하고 선을 넘는 부모로 인해 어려움을 겪는 부부들을 많이 봐 왔다. 부모이기에 거절하지 못하고 하시는 대로 두었다가는 부부 관계가 점점 어려워질 수 있다.

부모는 결혼한 자녀들이 스스로 선택하고 결정할 수 있도록 한 발짝 뒤로 물러나 주는 것이 필요하다. 예를 들면, 가족 모임 시간과 횟수, 자녀의 집을 방문하는 시기, 집안 살림 및 자녀 양육 등은 자녀들이 결정하도록 맡겨 주는 것이다.

수정 씨는 인격이 성숙함에도 반찬을 해다 주시는 시어머님의 잦은 방문이 너무 힘들어서 한 번은 문을 잠그고 집에 없는 척한 적도 있었다고 한다. 자신이 너무 나쁜 사람이 아니냐며 자책하는 걸 보고, 나쁘기보다는 시도 때도 없이 찾아오시는 시어머님께 선을 긋지 못해 생긴 어려움이라고 말해 주었다. 이후 수정 씨는 어머님께 연락하고 오실 것을 요청드렸고, 반찬도 이제는 자신이 잘해서 먹어 보겠다고 정중하게 말씀드렸다. 이처럼 시도 때도 없이 연락하지 않고 오는 행동은 경계선 침범이다.

다른 한 예는, 육아하는 남편의 경우다. 경훈 씨는 아이를 봐 주시는 부모님이 양육에 대한 자신의 미성숙함을 보고 이렇게 해라, 저렇게 해라 말씀하실 때마다 너무 힘들어했다. 부모님이 더 잘 돌봐 주실 수 있는 것은 당연하지만, 그 영역에 잦은 간섭이 있다 보니 어려워진 것이다. 경훈 씨는 부모님께, 조언은 감사하지만 자신이 최선을 다해서 양육하고 있으니 믿고 맡겨 주실 것을 부탁드렸다. 서운해 하시기는 했지만 당신들도 처음 자녀를 키울 땐 수많은 시행착오를 겪었음을 기억하시고는 더 이상 간섭하지 않기로 하셨다.

물리적인 경계선뿐 아니라 정서적인 경계선도 필요하다. 예를 들면, 부모님의 뭔가 마음에 들지 않는 표정을 보고 어떻게 해야 하나 너무 신경 쓰지 않는 것이다. 부모님의 정서는 부모님의 것이다. 굳이 그 정서를 선택해서 자신을 불편하고 힘들게 할 필요는 없다. 부모님의 표정이나 한마디 말에 민감해서 부정적인 정서를 자신의 것으로 가져오지 말라는 것이다.

정서적인 경계선을 잘 그어야 내가 편하고, 내가 편해야 배우자와 아이들이 편하다. 나와 가족을 지키는 경계를 정해서 안전한 가정을 유지하자. 물론 쉬운 일은 아니다. 그럼에도 해야 한다. 이는 서로를 보호하고 안전거리에서 잘 지내기 위함이다. 힘들어도 포기하지 말고 연습해 가길 바란다.

착한 며느리, 착한 사위로 살지 말라

결혼을 앞둔 청년들에게 착한 며느리, 착한 사위로 살지 말라고 강조해서 말한다. 처음부터 양가 부모님에게 잘 보이기 위해서 애쓰고 그분들의 요구에 맞추다 보면 나중에 갈등이 더 심화될 수 있기 때문이다. 처음부터 할 수 있는 만큼만 하면 된다.

유경 씨는 결혼 후 시부모님이 요구하시는 것을 잘 거절하지 못해서 남편이 부재중임에도 명절에 시댁에 가서 며칠을 머무르며 일을 했다. 부모님이 말씀하시는 것을 거절하면 안 된다고 생각했던 것이다. 유경 씨는 명절이 다가올 때마다 힘들어했다. 시부모님과 함께 지내는 시간이 힘겨워서다. 유경 씨를 상담하면서 할 수 있는 만큼만 해도 된다고 말해 주었다. 부모님에게 하는 거절은 그분들을 무시하는 것이 아닌 상황에 대한 거절이기에 마음 쓰지 않아도 된다고 했다. 생각을 전환하기까지는 시간이 걸렸지만, 나중에는 시부모님의 요구를 감당할 수 있는 만큼만 수용하게 되었다.

시부모님이 어렵다고 해서 요청하시는 모든 일을 다 "예"로 받아들이지는 말라. 할 수 있는 영역에 한해서 할 수 있는 만큼만 해도 된다. 당장 대답하기 어려울 때는 "생각해 보고 나중에 말씀드릴게요" 하며 숨 고를 시간을 가지라. 어른들의 요청을 다 따를 수는 없다. 우리의 시간과 에너지는 한계가 있기 때문이다.

인정받거나 사랑받기 위해 자신의 한계를 뛰어넘지 말라. 존재만으로도 당신은 사랑받기에 충분한 사람임을 믿으라. 나도 결혼 전까지는 인정받고 사랑받기 위해 애썼던 사람이다. 교제를 통한 충분한 사랑과 하나님의 사랑에 대해 안전감을 누리고 나서야 인정받고 사랑받는 것에 대한 열망이 줄어들기 시작했다.

결혼 후에는 시부모님이 하시는 말씀을 들을 때마다 다 해야 할 것 같은 부담감이 들었지만, 연습하고 또 연습해서 지금은 할 수 있는 만큼만 하고 있다. 명절에 가서도 할 수 없는 음식들은 하지 않는다. 신혼 초에는 애매하게 주방에서 서성이면서 눈치 보는 것이 어려웠다. 그래서 어머님께, 지금은 설거지만 하고 음식은 어머님이 못 하시게 될 때 하겠다고 말씀드렸다. 그 후로 긴장감과 불편함이 사라졌다. 어머님도 어머님 방식으로 음식 만드는 것을 편하게 여기셔서 이 상황이 모두에게 편안함을 주었다. 이런 연습을 통해 지금도 나는 착한 며느리가 되기보다 그냥 며느리로, 할 수 있는 만큼 기쁘게 하는 며느리로 살고 있다.

우리도 힘들지만 부모님들도 분명 힘드실 것이다. 좋은 부모가 되려고 노력하고 계실 것이다. 서로 할 수 있는 만큼만 하면서 서로에게 부담되지 않는 관계로 만들어 가면 좋겠다.

명절 증후군을 극복하라

명절에는 많은 부부들이 긴장과 함께 스트레스를 더 많이 받게 된다. 그동안 쌓였던 배우자와의 갈등이 심화되기도 하는데, 실제로 명절 이후에는 이혼 상담이 급증하고 이혼율도 높아진다. 명절에 발생하는 부모님과의 갈등으로 인해 두 사람의 결혼 생활이 더 힘들어질 수 있기에, 명절 때 부모님과의 갈등을 최소화할 수 있는 몇 가지를 제안해 본다.

자신이 할 수 있는 것과 없는 것을 분명하게 말하라

자신의 한계를 넘어서 잘하려고 애를 쓰면 쓸수록 더 힘들어진다. 사람마다 해낼 수 있는 일의 분량과 상황을 견딜 수 있는 한계가 다르기 때문이다. 따라서 그것에 대해 정확히 인식하고 분명하게 알리는 것이 중요하다. 예를 들어, 일할 것이 너무 많은 경우 해낼 수 있는 일의 분량이 얼마 만큼인지 알리는 것이다. 힘들고 불편한 마음으로 일을 힘겹게 해내는 것보다 할 수 있는 만큼만 일하고 편안한 마음으로 명절을 보내는 것이 더 낫다.

다른 사람은 일하지 않는데 혼자 많은 일을 해야 하는 상황이 계속되면 마음이 어려워질 수 있다. 그 상황과 어려운 마음에 대해 분명하게 말하라. 그래서 일의 양을 줄이거나 조금씩 서로 분담해서 하도록 하라. 나는 명절 때 시댁을 가면 음식을 할 수 없었다. 친정 음식과 너무 달랐기 때문이다. 음식을 빼고 나니 내가 할 수 있는 것은 정리와 설거지 정도였다. 어머님께 솔직히 말씀드리고 어머니도 동의하셔서 정리와 설거지만 하고 있다. 할 수 있는 만큼만 해도 문제가 없는 것이다.

도움이 필요한 영역을 알리고 도움을 받으라

명절에 시댁에 가면 무엇을 해야 할지 막막할 때가 많다. 음식도 집안일도 익숙하지 않기에 일하는 것이 불편한 것은 당연하다. 그럴 때는 정확히 묻고 도움을 요청하라. 우리는 슈퍼우먼이 아니기에 완벽하게 잘 해낼 수 없다. 눈치 보면서 하지 말고, 서로가 편하게 도움을 주고받을 수 있는 분위기로 전환해 보라. 식사 준비나 식사 후 정리할 때 가족들에게 도움을 요청해서 함께 참여하는 문화로 만들어 보라. 나는 무거운 것을 들거나 식사 후 정리할 때 남편에게 들어 달라고 한다. 남자들은 거의 안 움직이는 문화였는데, 워낙 남자가 많고 여자들이 적다 보니 이제는 자연스럽게 아이들도 식사 후 정리를 돕는다.

쉼이 필요할 때 쉴 수 있는 공간을 만들어 달라고 요청하거나 산책 또는 카페에 가서 차 한잔 마시고 오자고 요청해도 좋다. 나는 명절 때는 남편과 함께 카페에 가서 차 한잔 마시고 쉬고 온다. 진짜 쉼이 되기에 이제는 명절 때마다 카페 투어가 기대되기도 한다.

떠나야 할 시간도 눈치 보며 견디지 말고 미리 언제쯤 갈 것인지 배우자를 통해 전달하는 게 좋다. 알아서 해 주기를 바라는 것보다 정확히 도움이 필요한 부분을 알리면 갈등은 최소화된다. 말하지 않으면 상대방은 절대로 내가 원하는 것을 알지 못한다. 알아서 해 주기를 바라기보다 정확하게 요청하라. 나도 처음에는 3박 4일, 2박 3일을 지내다가 몸이 힘들어지면서 1박 2일로 정했고, 차가 막히는 시간을 잘 피해서 다니고 있다. 부모님이 어떻게 생각하실까보다 두 사람이 편하게 이동할 수 있는 시간을 선택해서 잘 말씀드리는 것이 좋다.

서로 격려하라

부모님께 명절 때 수고하고 애쓰신 것에 대해 감사를 표하고 격려해 드리라. 평소보다 더 많은 일을 하고 가족들을 돌보신 것에 대해 감사를 전하라. 배우자와 아이들에게도 격려의 말을 전하라. 그리고 자신이 원하는 격려의 말을 요청하고 충분한 격려를 누리라. 예를 들면 이런 것이다. "여보, 당신에게 듣고 싶은 격려의 말은 '명절에 가족들을 위해서 수고했어, 애썼어'라는 말이에요." 이때 배우자는 이 말 그대로 반영해서 격려해 주면 된다. 자신이 수고한 것에 대해 격려의 말을 들으면 마음이 한결 가벼워지고 보람이 생길 것이다. 마지막으로 자신도 격려해 주라. "수고했어, 애썼어, 이 정도면 충분히 잘한 거야"라고 토닥토닥해 주라. 집으로 오는 길에 휴양림 같은 곳에서 쉬어도 좋고, 외출해서 혼자만의 시간을 누리거나 평소에 하고 싶었던 일을 하는 것도 자신을 격려하는 방법이 될 것이다.

배우자와 마음을 같이하라

명절에 배우자와 더 많은 대화를 하면서 마음이 나누어지지 않도록 하는 것은 갈등을 최소화하는 중요한 방법이다. 순간순간 배우자에게 마음 상태를 알려서 감정을 해소하라. 배우자는 해결하려 하기보다 "당신 마음이 그랬구나"라는 말로 공감만 해 주어도 된다. 특히 양가 부모님에게 배우자나 상대편 부모님을 부정적으로 이야기하거나 비난하는 말은 하지 말라. 더 큰 갈등으로 증폭된다. 갈등이 더 심화되지 않도록 서로가 노력하고 배려하는 명절이 되길 바란다.

TIP. 명절에 부모님과의 갈등 줄이기

1. 할 수 있는 것과 없는 것을 분명하게 말한다.
2. 도움이 필요한 영역을 알리고 도움을 받는다.
3. 서로 격려한다.
4. 배우자와 마음을 같이한다.

Q 결혼 전부터 시부모님이 결혼식 날짜며 장소를 변경하시더니, 결혼 이후에는 부부 생활까지 다 간섭하세요. 그러면서 부모를 공경하고 순종하라는 말씀을 강조하시는데, 어디까지 따라야 할까요?

은경 씨는 신실한 믿음을 소유했고 인성도 괜찮은 자매다. 그런 그녀가 시부모님의 심한 간섭 때문에 결혼 준비부터 너무 힘들어했다. 마음 같아서는 결혼하지 말라고 말리고 싶었다. 내 동생이었다면 진짜 말렸다. 시부모님의 간섭도 간섭이지만, 은경 씨가 더 힘들었던 건 이런 상황에서 분명히 선을 긋지 않는 남편의 모호한 태도 때문이었다. 그리스도인들은 이런 부담이 있다. 부모를 공경하라고 했으니 부모님의 뜻을 따라야 할 것 같은, 그래서 말이 안 되는 상황에서도 부모님의 뜻을 따라야 할 것 같은 부담감 말이다. 간섭이나 심한 요구를 하는 부모들 중에는 교회의 중직자 분들도 계시는데, 권사, 장로, 목사와 같은 경우가 이에 해당할 것이다. 이 경우에는 권위에 순종해야 한다는 말씀이 맴돌아 거절하지 못하고 요구대로 따르는 착한 자녀들도 있을 것이다. 나는 은경 씨 남편에게 어떤 경우든지 아내 편을 들고, 아내를 보호해 주라고 부탁했다. 그리고 은경 씨에게는 처음부터 착한 며느리가 되지 말라고 주문했다. 결혼은 어렵게 했지만 이후에는 남편과 하나 되어, 할 수 없는 것은 할 수 없다고 말씀드리고 건강한 경계선을 그으라고 했다.

부모의 모든 요구를 따르는 것이 부모를 공경하는 것은 아니다. 불의하거나 비상식적인 요구를 해 올 때는 거절하는 것이 건강한 방법이다. 계속해서 강요하거나 요구하는 부모님이 계시다면 이 말씀을 보여드리라.

"아비들아 너희 자녀를 노엽게 하지 말지니 낙심할까 함이라"(골 3:21).

다행히 은경 씨는 필요할 때마다 경계선을 그으며 남편과 할 수 있는 만큼만 지혜롭게 하고 있고, 은경 씨 남편도 아내 편에 서려고 노력하고 있다. 앞으로도 은경 씨 부부가 건강하게 잘 살기를 간절히 바란다.

PART
2

나를 아는 것이
결혼의
첫 단추다

1.

나를 모르면
누구도
알 수 없다

♥

자신을 사랑한다는 것은 자신을 소중히 여기고 함부로 대하지 않는 것이다.
자신을 사랑하려면 자존감을 높여 가는 것이 필요하다. 자존감이란 자신이 괜찮고
가치 있고 소중한 사람이라고 스스로 생각하고 느끼는 것이다.

자기 자신을 사랑하라

　자신을 사랑하지 못하는 사람은 다른 사람도 자신처럼 대하기에 사랑하기 어렵다. 자신을 사랑한다는 것은 자신을 소중히 여기고 함부로 대하지 않는 것이다.

　자신을 사랑하려면 자존감을 높여 가는 것이 필요하다. 자존감이란 자신이 괜찮고 가치 있고 소중한 사람이라고 스스로 생각하고 느끼는 것이다. 자존감이 높으면 어떤 상황에서도, 누구와 있어도 자신을 괜찮게 느끼며 편안하게 대하게 된다.

　결혼 전 나는 자존감이 매우 낮은 사람이었다. 성장 과정에서 물질적인 필요는 채움 받았으나 정서적인 돌봄은 많이 받지 못했기 때문이다. 나는 어렸을 때 부모님으로부터 사랑한다, 잘한다, 예쁘다 등의 존재에 대한 칭찬을 별로 들어 보지 못했다. 그러다 보니 무언가를 열심히 해야만 사랑받고 괜찮은 사람이 된다고 여겨져 인정받기 위해 노력했었다. 그러다가 스스로를 별 볼일 없는 사람이라고 여기며 아무도 나를 좋아해 주지 않을 거라 생각했다. 하지만 결혼 후 '예쁘다, 사랑스럽다, 매력적이다'라고 남편이 내 존재를 인정해 주었을 때, 조금씩 자존감이 높아지기 시작했다. 그러한 말들은 내가 스스로를 긍정적으로 받아들이도록 해 주었다. 내가 괜찮다는 생각과 더불어 소중한 사람이라는 인식을 갖게 해 주었다. 이제는 나 자신이 아주 괜찮고 가치 있는 소중한 사람으로 여겨진다.

마찬가지로 남편도 결혼 이후에 자존감이 크게 높아졌다. 남편은 권위자 앞에 서면 자신이 초라하게 느껴진다고 했다. 예수님을 영접하고 처음으로 자신이 존귀한 존재임을 경험했지만, 하루아침에 자존감이 높아지진 않았다. 자존감을 올리는 심리적 작업을 수없이 반복했고, 나 역시 그에게 사랑한다는 말을 수없이 해 주었다. 처음에는 매우 낯설어 했지만, 점차 남편의 자존감이 높아지는 것을 알 수 있었다. 이렇듯 우리는 있는 그대로 사랑하는 배우자를 통해 자존감을 높여갈 수 있었다.

하나님의 사랑이 자존감을 높여 준다

말씀을 통해 하나님의 사랑과 은혜를 깊이 경험하자. 자존감이 낮은 사람은 하나님을 무서운 분으로 인식해서 두려움을 갖는다.

친밀함을 느끼는 대신 관계의 가로막힘을 느끼는 것이다. 나도 하나님에게 사랑받기 위해 수없이 노력하며 헌신했었다. 그러다가 근무력증에 걸려 아무것도 할 수 없이 숨만 쉬는 그 상황에서, 로마서 말씀을 통해 주님은 내가 애쓰고 노력하지 않아도 나를 있는 그대로 사랑하는 분이심을 깨닫고 자유함을 얻었다.

> "우리가 아직 죄인 되었을 때에 그리스도께서 우리를 위하여 죽으심으로 하나님께서 우리에 대한 자기의 사랑을 확증하셨느니라"(롬 5:8).

하나님은 나를 있는 모습 그대로 사랑하는 분이셨다. 숨만 쉬어도 사랑하는 분이셨다. 실수하고 연약해도 여전히 사랑하는 분이셨다. 존재 그대로를 사랑하는 분이셨다. 그 사랑을 확신하고 나니 자존감이 높아졌다. 하나님이 나를 있는 그대로 사랑하며 가치 있게 대해 주신다는 사실에 감사했다. 당신도 말씀을 통해 그 사랑을 깊이 경험하고 자신을 사랑하며 자존감을 높여 가길 바란다.

> "너희는 택하신 족속이요 왕 같은 제사장들이요 거룩한 나라요 그의 소유가 된 백성이니 이는 너희를 어두운 데서 불러내어 그의 기이한 빛에 들어가게 하신 이의 아름다운 덕을 선포하게 하려 하심이라 너희가 전에는 백성이 아니더니 이제는 하나님의 백성이

요 전에는 긍휼을 얻지 못하였더니 이제는 긍휼을 얻은 자니라"
(벧전 2:9-10).

"너의 하나님 여호와가 너의 가운데에 계시니 그는 구원을 베푸실
전능자이시라 그가 너로 말미암아 기쁨을 이기지 못하시며 너를
잠잠히 사랑하시며 너로 말미암아 즐거이 부르며 기뻐하시리라
하리라"(습 3:17).

하나님의 눈으로 자신을 바라보며 자신감을 높여 가라

실수할 때마다 자책하거나 스스로를 비난하면 자존감은 낮아
질 수밖에 없다. 특히 완벽주의 성향이 강하거나 자기 기준이 높
은 사람은 자신을 향해 "이 정도면 됐어, 실수해도 괜찮아"라고 말
해 주길 바란다. 힘들겠지만 의지를 드려서 자신을 좀 더 편하게
받아들이면 좋겠다. 자기 자신을 있는 그대로 인정하고 격려해 주
라. "이 정도면 됐어", "실수해도 괜찮아"라고 자신을 다독여 주라.

지금 당신 앞에 두 개의 거울이 놓여 있다고 가정해 보라. 하나
는 깨진 거울이고, 다른 하나는 온전한 거울이다. 자신을 어느 거울
에 비추어 보느냐에 따라 그 모습이 다르게 보일 것이다. 깨진 거울
로 보면 어그러져서 제대로 볼 수가 없다. 반면 온전한 거울로 보
면 있는 그대로의 나를 볼 수 있다. 나 자신을 가장 잘 보여 준다.

나는 변함이 없지만 어느 거울로 보느냐에 따라 내가 다르게 보인다. 깨진 거울은 다른 사람의 시선으로 나를 보는 것이다. 다른 사람들은 나를 있는 그대로 수용하거나 사랑하지 않고 평가하거나 비교해서 본다. 다른 사람들의 시선을 신경 쓰다 보면 자신답게 살기가 어렵다. 반면 온전한 거울은 하나님의 시선으로 나를 보는 것이다. 하나님은 나를 있는 그대로 보고, 수용하며, 사랑하신다. 자신을 다른 사람의 시선으로 바라보지 말고 하나님의 시선으로 바라보라. 하나님은 우리의 존재를 있는 그대로 존중하고 가치 있게 여겨 주시기에, '주님이 보시는 나'로 보게 될 때 자존감은 높아진다.

　　하나님의 말씀을 믿음으로 선포해 보자.

"나는 하나님의 자녀다."

"나는 하나님의 사랑을 입었다."

"나는 하나님이 만드신 최고의 작품이다."

"나는 사랑스럽고 멋진, 세상에 단 하나뿐인 존재다."

"나는 왕 같은 제사장이고 거룩한 나라며 하나님의 소유 된 백성이다."

"나는 하나님이 즐거이 부르고 기뻐하시는 자다."

작은 성공을 경험해서 자존감을 높여 가라

작은 성공을 자주 경험하라. 할 수 있는 만큼의 기준을 세워 성취하는 기쁨을 맛보게 될 때 자존감은 높아진다. 그리고 자신을 다른 사람과 비교하지 말라. 비교는 다른 사람과 하는 것이 아니라, 어제의 나와 오늘의 나를 비교하면서 성장해 가는 것이다.

내가 경험한 작은 성공은 찬양 인도였다. 독학으로 기타를 배웠는데, 기회가 있을 때마다 찬양을 인도했다. 탁월하진 않지만 스스로 쌓은 기타 실력으로 찬양을 인도할 수 있게 된 경험이 나로 자신감을 갖게 해 주었고, 인도할 때마다 자존감이 높아졌다.

나는 찬양뿐 아니라 말하는 것도 참 좋아한다. 앞에 서서 강의하거나 모임을 진행할 때면 스스로에 대한 만족과 성취로 자존감이 올라갔다. 나는 강의할 때 모든 사람에게 인정받고 박수받는 것을 목표로 하지 않는다. 몇 사람이라도 도움받고 회복되고 성장할 수 있으면 된다. 그저 사람들 앞에 서서 강의할 수 있는 것만으로도 충분히 만족한다. 한 번도 해 보지 않은 강의 제안이 들어왔을 때, 열심히 준비하고 진행한 결과 피드백이 좋을 때 성취한 경험으로 자존감이 높아졌다.

이처럼 작은 성취를 통해 성공을 맛보면 자존감이 높아진다. 지금 당신이 할 수 있고, 하고 싶은 일은 무엇인지 생각해 보라. 계획을 세워서 실제로 성취하고 성공하는 경험을 해 보라.

배움과 나눔을 통해 자존감을 높여 가라

책이나 소그룹 모임을 통해 자신을 탐색하고 회복하는 시간을 가지라. 배움과 나눔을 통해 자신을 알아 가고 성장해 가는 것도 자존감을 높이는 한 방법이다.

나는 소그룹 모임을 통해 내가 생각보다 괜찮으며, 사람들이 좋아하고 재능이 많은 사람임을 알게 되었다. 소그룹에서 격려와 지지를 받으니 내 존재가 괜찮게 여겨졌다. 그러면서 나 자신을 더 좋아하게 되었다.

한 사모님은 늘 자기 존재에 대한 확신 없이 살았다. 어느 누구도 자신을 좋아하거나 환영해 주지 않는다고 생각하며 살아왔다. 이분이 함께 나눌 수 있는 안전한 그룹을 만나 몇 년간 모임을 가지면서 그 모임 구성원들이 자신을 환영하고 받아 주는 경험을 통해 자존감이 올라갔다. 자신이 사랑받을 만한 사람임을 확신하게 된 것이다. 나는 교회나 공동체에 이와 같은 소그룹이 많이 있기를 바란다. 소그룹이 주는 회복과 치유가 크기 때문이다.

독서도 좋은 방법이다. 좋은 책을 통해 배우고 성장할 수 있다. 그리고 책을 읽은 것만으로도 성취감을 느낄 수 있기에 책읽기를 꾸준히 하면 많은 도움이 된다. 나는 1년에 독서 목표치를 60권으로 정했다. 한 달에 6권 정도 읽는 것을 목표로 3년간 진행하고 있는데, 매년 60권 이상을 읽고 있다. 책을 통해 배우는 것도 많고 좋은 책은 우리를 성장시켜 주기에 독서를 추천한다. 더 좋은 것은 독서 모임이다. 나의 경우, 몇 년간 지인들과 나누면서 책을 통한 성장도 있었고, 나누는 멤버들을 통해 나의 생각이 수용 받는다는 경험이 자존감 또한 높여 주었다.

이런 모임을 찾기 어려우면 부부가 함께 둘만의 독서 모임을 해도 좋다. 한 달에 한 권 정도 책을 읽고 나누는 것이다. 부부가 함께 성장하는 귀한 시간이 될 것이다.

사랑이 두려운 나

우리가 갖고 있는 두려움보다 더 크신 분이 우리 하나님이시다. 하나님을 신뢰함으로 두려움을 해결하라. 그러기 위해서는 먼저 우리 안에 어떤 두려움이 있는지를 인식해야 한다. 그리고 그 두려움을 직면해야 한다. 실제로 일어나지 않을 일임에도 두려움을 느낀다면, 두려워하는 자신의 감정을 다독거려 주라. "두려웠구나, 괜찮아"라고 말해 주라. 이렇게 다독거려 주면 두려움은 감소되고 사라진다. 두려울 때마다 일어나지 않을 일을 두려워하는 것은 아닌지 생각해 보라. 그리고 하나님이 도와주실 것을 믿으라.

나는 있는 그대로 사랑받지 못할까 봐 두려웠다. 부모님으로부터 충분한 사랑을 받았더라면 사랑받고 수용되는 것이 좀 더 수월했을 텐데, 그렇지 못했기에 사랑받지 못할까 봐 두려웠다. 아버지와의 친밀함이 없어서 남자와 친밀함을 누리는 것에 대해서도 두려웠다. 남편이 나를 있는 그대로 사랑해 줄까? 친밀한 사랑을 누릴 수 있을까? 참 많이 두려웠다. 엄마가 되는 것도 다르지 않았다. 따뜻한 엄마가 될 자신이 없었다.

이렇게 두려움이 생길 때마다 보는 말씀이 있다.

"사랑 안에 두려움이 없고 온전한 사랑이 두려움을 내쫓나니"
(요일 4:18).

이 말씀을 묵상하면서 하나님을 사랑할 때 두려움이 사라짐을 믿게 되었다. 하나님의 사랑을 신뢰하게 되었을 때 점차 내 마음에 있던 두려움들이 작아지기 시작했다. 있는 그대로의 나를 사랑해 주는 남편으로 인해 그리고 부족하지만 엄마로서 아이들을 키우다 보니 두려움이 점점 줄어들었다.

결혼하고 나면 여러 가지 두려움이 생길 수 있다. 가족을 사랑하는 영역에 있어서는 더욱 그렇다. 그때마다 두려움보다 더 크신 하나님을 신뢰하고, 그 두려움을 주님에게 내어 드리라.

사랑이 두려운 이유가 있다

부모 세대가 보여 준 가정의 불화, 즉 폭력, 외도, 이혼 등으로 두려움을 갖고 결혼 생활을 하는 이들이 있다. 자신도 부모처럼 불행한 결혼 생활을 하게 될 것이라 두려워하면서 배우자와의 관계를 부정적으로 추측하는 것이다.

우리 부모님도 자주 다투셨다. 그러다 보니 셋째이면서 막내였던 나는 개인적인 필요나 욕구를 표현하지 못하고, 늘 부모님의 눈치를 보며 '착한 아이'로 성장했다. 결혼 후에도 나는 내 필요와 욕구를 제대로 표현하지 못한 채 참고 살다가, 갈등이 심화되거나 관계가 어려워지면 부모님처럼 불행해질 거라고 생각해서 미리 두려워하며 남편에게 몇 번씩 헤어지자고 말했었다. 다행히 나의 상처를 이해해 준 남편으로 인해 상처가 치유되면서 몇 년이 지난 후부터는 헤어지자는 말을 하지 않게 되었다. 해결되지 않은 상처와 두려움이 있다면, 배우자와의 관계를 단절하거나 헤어짐을 고민하기보다 자신 안에 있는 두려움을 먼저 해결하길 바란다.

부모에게 맞고 자란 한 형제를 상담한 적이 있다. 그는 부모뿐 아니라 친구들에게도 맞고 다녔다. 폭행을 당하는 사람은 순간적으로 사고가 마비된다. 그래서인지 그 형제는 자기 존재에 대한 인식도 잘 안 되고, 늘 움츠려 있으며, 불안함과 두려움으로 인해 관계를 잘 맺지 못했다. 반항하지도 못하고, 자기를 방어하지도 못했다. 나는 회복을 도우며 그의 내면에 숨겨진 분노를 보았고, 그 분노가 자주 우울한 감정에 빠져들게 한다는 것을 알았다. 상담을 통해 그는 점차 분노를 표현하는 방법을 알게 되었고, 다른 사람들이 자신을 함부로 대하지 못하도록 내면의 힘을 키워 갔다. 이후 자신을 따뜻하게 감싸 주는 여자를 만나 결혼했고, 지속적인 상담과 아내의 따뜻한 사랑을 통해 지금은 건강하게 지내고 있다. 상처가 있어도, 두려움이 커도 사랑이 이긴다. 서로의 상처를 치유하고 따뜻하게 감싸 주는 부부로 살면 좋겠다.

정은 씨는 어릴 때 친척에게 성추행을 당했는데 부모가 아무 보호 없이 그녀를 방치해 두었다. 그러다 보니 자신을 추행한 사람보다는 자신을 방치한 부모님에 대한 분노가 그녀 안에 더 크게 자리잡게 되었다. 그녀는 누구에게도 말할 수 없는 분노와 증오를 품은 채 결혼했고, 남편이 자신을 방치하거나 돌보지 않는 상황이라 생각되면 남편에게 걷잡을 수 없는 분노를 퍼부었다. 남편은 정은 씨의 분노가 과거의 상처임을 알고 그녀를 보듬으며 더 친밀하게 돌봐 주었다. 남편의 이러한 노력 덕분에 정은 씨는 점차 분노를 건강하게 표출하기 시작했고, 지금은 평안하게 잘 지내고 있다.

대체로 자신에게 해를 끼친 사람이 가족이나 잘 아는 사람인 경우, 분노할 수도 없고 용서할 수도 없는 힘든 시간을 보내게 된다. 꺼내기조차 어려운 상처도 있을 것이다. 그때마다 내놓을 수 있을 만큼의 상처를 꺼내어 치유 받기를 권한다. 만약 혼자서 감당하기 어렵다면 상담가의 도움을 받으라. 상처로부터 치유되고 자유하게 되어 편안해지길 바란다.

상처로 인해 갖게 된 두려움이 있어도 하나님이 주시는 더 큰 사랑으로 치유할 수 있음을 믿고, 그 안에서 부부가 서로 깊이 사랑하며 보듬어 주면 좋겠다.

착한 사람으로 살지 말라

착한 사람은 '나'가 없는 사람이다. 자신을 돌보지 않고 다른 사람의 요구에 자신을 맞추어 사는 사람이다. 착한 사람은 늘 희생하고 다른 사람의 필요를 채워 주기 위해 무던히 애쓰며, 그렇지 못했을 땐 죄책감을 갖고 살아간다.

착한 사람이 되는 데는 우리나라 칭찬 문화의 영향이 크다. 아이들이 밥을 잘 먹으면 "아유, 착하네"라고 칭찬한다. 옷을 스스로 잘 입어도 "착하네"라고 칭찬한다. 시키는 일을 잘해도 "착하네"라고 칭찬한다. 그러다 보면 그 칭찬을 듣기 위해 먹기 싫어도 먹고, 할 수 없는 일도 열심히 한다. 자신이 원치 않아도 상대가 원하면 따르고, 할 수 없는 것도 상대를 위해서 최선을 다하는 것이다.

특별히 그리스도인은 더 착한 사람으로 살려고 한다. 다 참고 인내해야 한다는 부담감을 갖고 있다. 예수님은 '이웃을 네 몸같이 사랑하라'고 하셨다. 이웃을 건강하게 사랑하려면 먼저 나부터 건강하게 사랑해야 한다. 내가 나를 돌보지 않고 중요시 여기지 않는데 어떻게 이웃을 건강하게 돌볼 수 있겠는가. 그러니 착한 사람이 되려 하지 말고 나를 돌보면서 살자. 상대에게만 맞추지 말고 내 감정과 필요도 중요시 여기자.

그러려면 자신의 의견을 말할 수 있고, 감정을 표현할 수 있으며, 경계선을 그어서 '예'와 '아니오'를 말할 수 있어야 한다. 그래야 결혼 생활에서 서로 건강하게 지낼 수 있다. 그리스도인들이 잘못 생각하는 것 중 하나가 그리스도인들은 무조건 착하고 참아야 한다는 것이다. 그러다 보니 자기를 희생하고 자기를 무시한 채 살아간다. 표현도 못하고 다 참으며 살다 보니 정서적으로 스트레스를 받으며 힘들게 살아가고 있다. 하나님은 그리스도인인 우리에게 모든 것을 다 참고 인내하라고 하지 않으셨다. 하나님은 한 영혼을 소중히 여기며 우리가 우리 존재를 사랑으로 아끼며 살아가기를 원하신다. 우리가 무시 받고 희생하며 살기를 원치 않으신다. 우리를 가치 있고 소중하게 만드신 하나님이 우리를 아껴 주듯, 우리도 우리 자신을 가치 있고 소중하게 대하며 살자.

Q 일도 육아도 많이 힘든데 남편은 자기 일로 바쁘고, 아이를 봐 주
시는 부모님도 힘드신지 갈수록 요구가 많아지시고, 나는 나대
로 힘든데 누구에게도 말할 수가 없어요. 진짜 아무도 없는 데 가
서 혼자 쉬고 싶은데, 그래도 될까요?

결혼 후 양가 부모님의 생활비까지 부담하며 일을 하고 있는 예지 씨.
평일에는 직장에서 열심히 일을 했고, 주말에는 남편 없이 혼자 아이
를 돌보느라 다크써클이 무릎까지 내려온 것도 모른 채 쉬는 날도 없
이 살아왔다. 예지 씨는 남편에게도 부모님에게도 자기가 얼마나 힘
들고 피곤한지에 대해 나눈 적이 없다. 한마디로 착한 아내, 착한 딸로
살아왔다. 자기를 돌보지 않고 다른 사람을 배려하며 사는 전형적인
착한 사람의 삶을 살아온 것이다.

착한 사람은 남을 위해 산다. 남을 배려하며, 남을 위해 많은 희생과
헌신을 한다. 그래야만 되는 줄 안다. 그러다 보니 자기는 없다. 자기
는 돌보지 않는다. 그렇게 살다가 탈진하면 우울감을 느끼게 되는데
예지 씨가 그랬다. 탈진되고 지친 상태에서 나를 찾아왔다. 그런 그녀
가 너무 안쓰러웠다. 그래서 나와의 만남에서는 그냥 쉬게 해 주고 싶
어, 자기 이야기를 마음껏 하게 하고 속에 있는 감정을 다 쏟아내게 해
주었다. 더 이상 무언가를 하지 않아도 충분히 애써 왔기에 쉬어도 된
다고 말해 주었다. "예지 씨, 숨만 쉬어도 돼요. 그래도 괜찮아요"라고
말하자 참아 왔던 힘겨움을 쏟아내며 울기 시작했다. 다른 사람의 요
구만 들어 왔을 뿐, 정작 자신은 아무 말도 못 하고 살고 있음을 이야
기하기에, 앞으로는 가급적 요구하는 것을 들어주는 대신 하고 싶은
말들을 표현하며 살라고 말해 주었다.

힘들면 힘들다고 말해야 주변 사람들이 알 수 있다. 말하지 않으면 괜

찮은 줄 안다. 가족이니까 알아주겠지? 천만에 말씀. 말하지 않아도 아는 것은 아마 초코파이밖에 없을 것이다. 괜찮지 않다는 것을 말하라. 힘들어서 아무것도 못 하겠다고 말하라. 이것이 자신을 지키고 숨 쉬게 하는 것이다.

나는 예지 씨에게, 다 내려놓고 이틀 정도 여행을 다녀올 것을 권했다. 쉬어 가도 괜찮다고. 다행히 회사도 가족도 예지 씨의 상황을 듣고 허락해 줘서, 혼자만의 쉼을 누릴 수 있게 되었다. 실컷 자고 먹고 싶은 것 먹으며 뒹굴뒹굴하고 나니 숨이 좀 쉬어지더라며, 고맙다고 했다.

착한 사람으로 살아가는 이들에게 말하고 싶다. 자신을 조금은 아껴 주고 배려하고 표현하면서 살자. 쉬어 가도 괜찮다. 숨만 쉬어도 된다. 당신도 소중한 사람이다. 하나님도 창조하신 후 안식하셨다. 그러니 당신도 그 안식을 누리라.

2.

성격만 알아도
멋진 배우자가
될 수 있다

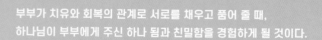

부부가 치유와 회복의 관계로 서로를 채우고 품어 줄 때,
하나님이 부부에게 주신 하나 됨과 친밀함을 경험하게 될 것이다.

현재 배우자, 이대로 괜찮은가

　부부들을 만나다 보면 현재 배우자가 하나님이 예비하신 사람인지 아닌지, 배우자 선택을 잘한 건지 못한 건지에 대해 고민하는 부부들이 간혹 있다. 하나님은 배우자를 미리 예비하셔서 그 사람을 만나 결혼하게 하시지 않는다. 배우자는 스스로 선택하는 것이고, 하나님은 우리의 그 선택을 최선을 다해 도우며 인도해 주신다. 현재 배우자가 하나님이 예비하신 사람인지 아닌지를 가지고 고민하지 말고, 스스로 선택한 배우자에 대해 좀 더 긍정적인 확신을 갖고 사는 것이 더 바람직하다.

　앞으로의 내용 중 두 가지 이상이 현재 배우자에게 보인다면 당신의 배우자는 참 괜찮은 사람이고, 당신은 선택을 잘한 것이다.

대화가 통하는 사람

대화할 땐 서로 오해하지 않고 자신의 의견을 정직하게 말하며, 상대의 의견을 수용해 주는 것이 중요하다. 대화란 서로 주거니 받거니 해야 하는데 사사건건 오해하고 트집을 잡는다면 대화하기가 싫어질 것이다.

건강한 대화는 왜곡 없이 상황을 있는 그대로 보고 말하는 것이다. 더 나아가 상대와 자신도 있는 그대로 볼 수 있어야 한다. 상대의 이야기를 있는 그대로 듣고 자신의 이야기도 있는 그대로 편하게 나눌 수 있어야 건강한 대화가 가능하다. 관계가 어려운 부부를 만나면 상황을 왜곡해서 보거나 상대나 자신에 대해서도 왜곡된 관점으로 보고 말을 하기에 대화가 어렵다. 있는 그대로 보고 말할 수 있는 것은 마음이 건강한 사람이어야 가능하다.

이처럼 우리는 대화를 통해 상대의 마음을 볼 수 있다. 건강한 마음인지, 왜곡된 마음을 갖고 있는지 대화를 통해 알게 된다. 어느 정도 대화가 통하는 사람이라면 좋은 배우자라 할 수 있다.

갈등을 잘 해결할 수 있는 사람

연애할 때야 웬만하면 한쪽이 참거나 갈등을 회피해서 각자의 집으로 돌아가기에 갈등이 그 자리에서 해결되지 않아도 감당이 된다. 그러나 결혼하고 나면 갈 데가 없고 한 집, 한 공간에서 해결해야 하기에 갈등 해결이 안 되면 어렵고 힘들어진다. 갈등은 링 안에서 해결해야 함께 사는 데 어려움이 없다. 갈등을 회피하거나 공격적으로 해결하지 않고 대화를 통해 해결할 수 있다면, 이 부부는 사는 동안 한 팀으로 잘 살아갈 수 있다.

갈등을 해결하는 데 있어 중요한 요소는 소통이다. 대화가 안 되는 사람은 갈등을 해결하기가 어렵다. 참거나 무시하다가 결국에는 관계를 포기하게 된다. 많은 부부들이 다양한 갈등으로 상담을 하러 오는데, 대화를 통해 해결된 경험이 한 번이라도 있는 부부들은 이후에는 스스로 대화를 통해 해결할 수 있게 된다. 따라서 갈등을 대화로 해결하는 법을 배우고 경험하는 것이 좋다.

놀라운 것은, 갈등을 잘 해결하면 두 사람의 관계가 더 친밀해진다는 것이다. 갈등을 잘 해결한 두 사람은 한 팀이 되기 때문이다. 다른 갈등이 올 때마다 다시 대화로 해결해 갈 수 있기에 친밀함이 점점 더 깊어지는 것이다.

갈등 없는 인생은 없고, 갈등 없는 부부는 없다. 갈등을 해결하려고 노력하고 소통하는 사람이라면 충분히 좋은 배우자라 할 수 있다.

관계를 성장시켜 주는 사람

사랑은 생명력이 있어서 서로를 성장하게 해 준다. 사랑이 부부의 관계를 성장시키며 발전하게 해 준다. 성장하는 관계가 되기 위해서는 서로를 통해 배우고 서로의 강점을 발휘해서 상대를 도와주는 태도가 필요하다. 예를 들면, 소통이 어려운 부부가 소통을 잘하기 원한다면 소통의 기술을 배워서 함께 성장해 나가는 것이다.

우리 부부는 대화의 기술이 성장하도록 서로에게 도움을 주었다. 나는 불안하면 히스테릭해지고 예민해지는 편인데, 남편은 내가 불안해할 때마다 말을 통해 내 불안을 가라앉게 해 주었다. 불안할 때 남편의 도움을 받은 후 마음이 편해지다 보니, 같은 상황이나 문제 앞에 있어도 그것을 더 이상 예민하게 받아들이지 않게 되었다. 또한 남편은 감정을 표현하는 것이 어려운 사람이었는데, 나에게 다양한 감정을 배우면서 자신의 감정을 언어로 자연스럽게 표현하게 되었다.

대화의 기술 외에도 서로의 인격이나 영적인 성장을 도울 수 있다. 어떤 형태로든 부부 관계가 성장해 가도록 도울 수 있는 배우자라면, 당신의 부부 관계는 계속 성장해 갈 것이다.

약점을 감당해 주는 사람

서로를 알아 가다 보면 상대의 약점을 보게 되는데, 살아가면서 그 약점을 함께 감당해 나가는 배우자는 고마운 사람이다. 상대의 약점을 비난하거나 무시하는 태도는 결국 자기 자신을 비난하고 무시하는 것이다.

경화 씨는 경제적인 차이가 크고 상처가 많은 준후 씨의 가족을 자신이 감당할 수 있다고 생각하고 결혼을 결심했다. 결혼하기까지 쉽지는 않았지만 부모님을 설득해 가며 준후 씨를 선택했다. 결혼 후, 경제적인 이슈나 남편의 상처가 보여도 남편을 무시하거나 비난하지 않고 존중해 주었다. 시간이 지날수록 준후 씨는 자신의 약점을 무시하지 않는 경화 씨를 최선을 다해 사랑했고, 경화 씨도 준후 씨의 약점을 계속해서 잘 감싸 주어, 두 사람의 사랑은 점점 더 견고해졌다.

성격이 조급한 나는 분노가 있을 때마다 참지 못하고 그것을 즉각 표현하는 편이다. 남편은 이런 나의 약점을 보면서도 비난하지 않았다. 내 분노가 가라앉을 때까지 옆에서 기다려 주었고, 분노가 가라앉고 나면 괜찮으냐고 자상하게 물어봐 주었다. 약점을 감당해 주는 남편으로 인해 나는 편안해졌고, 마음이 편해지고 나니 분이 나는 이유나 상황을 말로도 표현할 수 있게 되었다. 나 또한 주도적이지 않고 결정을 내리기까지 시간이 걸리는 남편을 기다리는 데 답답함이 있었지만, 그 모습을 인정하고 나니 기다리는 시간이 편하게 되었다. 오히려 남편의 여유 있는 태도가 조급한 나를 여유 있게 해 준 적도 있었다. 이처럼 서로의 약점을 무기 삼거나 비난하지 않다 보니 어떤 모습이든 수용 받는 느낌이 들어, 서로로 인해 안전감을 누릴 수 있게 되었다.

현재 당신의 배우자가 당신의 약점을 비난하거나 무시하지 않고 약점 그대로를 수용해 주고 있다면, 그는 참 고마운 배우자다.

서로에 대한 신뢰와 하나님에 대한 신뢰가 깊어져 가는 사람

결혼 생활은 장거리 경주와도 같다. 삶의 긴 여정을 함께 살아가야 하기에, 역경을 이겨 낼 수 있는 신뢰가 필요하다. 이런 신뢰는 시간이 갈수록 쌓이고 어려움을 함께 이겨 내면서 더 돈독해지므로 현재의 모습만 보고 신뢰를 속단하지 않았으면 좋겠다.

배우자를 어떻게 믿고 살아야 하느냐며 묻는 사람들이 많다. 이런 질문을 받을 때마다 나는 배우자 안에 계신 주님을 좀 더 신뢰해 보라고 말해 준다. 그러면 상대를 믿는 것이 좀 더 수월해진다. 주님은 당신과 당신의 배우자를 인도하고 도와주는 좋은 아버지시다. 주님이 당신 부부를 잘되게 인도해 주실 것이다. 그 주님을 믿으라. 부부는 주님을 믿고 따를 때 상대를 신뢰할 수 있게 된다. 현재 배우자의 모습에 신뢰가 생기지 않는다면, 하나님에 대한 신뢰를 좀 더 가져 보라. 주님을 믿고 신뢰하기로 작정해 보라. 하나님을 신뢰하면 당신의 배우자에 대한 신뢰도 조금씩 자라게 될 것이다.

현재 내 옆에 있는 배우자로 인해 감사할 때 결혼 만족도도 높아진다. 당신이 선택한 배우자를 존중하고 하나님이 주신 귀한 선물로 받아들이라. 하나님은 당신에게 최선의 배우자를 선물로 주셨다.

1. 대화가 통하는 사람이다.
2. 갈등을 잘 해결할 수 있는 사람이다.
3. 관계를 성장시켜 주는 사람이다.
4. 약점을 감당해 주는 사람이다.
5. 서로에 대한 신뢰와 하나님에 대한 신뢰가
   깊어져 가는 사람이다.

배우자를 선택한 이유

결혼하고 나서 왜 이 배우자를 선택했을까 궁금해 하는 부부가 많다. 이들은 왜 서로에게 끌린 것일까?

'이마고'(Imago) 이론을 통해 답을 찾을 수 있다. 이마고 이론은 배우자 선택의 중요한 원리를 알려 주는데, 배우자를 결정할 때 부모의 이미지를 가진 사람을 무의식적으로 선택해서 부모에게 받고자 했던 필요를 채움 받으려 한다는 이론이다. 이는 긍정적인 이미지보다 부정적인 이미지를 가진 사람에게 더 끌리는 경향이 있다.

예를 들어, 나의 아버지의 긍정적인 이미지는 '성실, 책임감, 절약, 언변이 좋음'이고, 부정적인 이미지는 '외로움, 고집 셈, 분을 잘 냄'이다. 또한 나의 어머니의 긍정적인 이미지는 '성실, 책임감,

흥이 많음, 풍부한 감정, 음식을 잘함'이고, 부정적인 이미지는 '외로움, 자기 연민, 고집 셈'이다. 내가 어릴 때 부모님께 원하고 필요로 했던 것은 안정감이었다. 두 분이 자주 다투시다 보니 내 안에는 불안이 많이 자리하고 있었다. 내가 남편을 선택하게 된 동기를 보면 남편이 주는 안정감이 좋아서였다. 어떤 상황에서도 나를 불안하게 하지 않았다. 남편에게서 보이는 부모님의 이미지는 '성실함, 책임감'의 긍정적인 이미지와 '외로움'의 부정적인 이미지다. 부모님의 성실하고 외로운 이미지를 갖고 있는 남편에게 나는 무의식적으로 자연스럽게 끌렸고, 남편이 채워 주는 안정감이 좋아 결혼할 배우자로 선택한 것이다.

남편의 경우는 시아버지의 긍정적인 이미지인 '주도성'과 '화를 잘 냄'이라는 부정적인 이미지가 내게 있다. 주도적이고 화를 잘내는 나의 이미지에 무의식적으로 끌린 것이다. 남편이 어린 시절 부모님께 원하고 필요로 했던 것은 떠나지 않음과 자기를 믿어 주는 것이었다. 아버지가 장남인 자기를 믿어 주길 바랐는데 그것이 채워지지 않았고, 어머니가 자기를 떠날 것만 같은 불안감이 있었다. 남편은 자기를 떠나지 않고, 자기를 믿어 줄 것 같은 나를 배우자로 선택했다. 다행히 우리는 서로의 필요를 채워 주는 관계로 성장해 가기에 결혼 생활이 갈수록 좋아지고 있으며, 관계가 성장하고 있다.

다른 부부의 예를 하나 더 들어 보자. 아내인 혜민 씨는 늘 다투고 폭력을 행하시는 부모님에게서 부드러운 말과 긴장감을 주지 않는 편안함을 얻길 원했고, 남편인 준호 씨는 차갑게 말하는 엄마와 혼내는 아빠로부터 자기를 칭찬하고 따뜻하게 살펴 주는 사랑을 받길 원했다. 연애하는 기간에 준호 씨는 혜민 씨가 따뜻하게 안부를 물으며 챙겨 주는 것이 좋아서 결혼을 결심했고, 혜민 씨는 준호 씨가 편하게 대해 주는 것이 좋아서 결혼을 결심하게 되었다. 그런데 결혼 후, 아내인 혜민 씨는 스트레스 상황에서 남편이 언제 소리를 지를지, 언제 기분이 안 좋아질지 모르는 긴장감으로 힘들어했다. 그리고 남편인 준호 씨는 결혼과 출산 후 아내가 자기를 챙겨 주지 않고 차갑게 말하는 것에 화가 났다. 두 사람은 상담을 통해 배우자를 선택하게 된 동기를 알고 서로에게 원하는 것이 무엇인지를 나눈 후 관계가 좋아졌다. 두 사람은 서로가 원하는 것을 채워 주기 위해 지금도 노력 중이다. 아내는 차가운 말투가 아닌 따뜻한 말투로 말하며 남편이 오면 좀 더 챙겨 주려고 노력했고, 남편도 갑자기 화를 내거나 싸우려는 태도를 멈추고 부드럽게 말하려고 노력하고 있다. 이 부부는 서로의 필요를 채워 주며 살아가기에 관계가 호전되고 있으며, 친밀한 관계를 누리고 있다.

어린 시절 부모님에게 원하고 필요로 했던 것이 무엇이며 배우자에게 원하는 것이 무엇인지를 진솔하게 나누어 보는 것이 좋다. 부부는 서로에게 좋은 치유자요, 필요를 채우고 보완해 주는 관계다. 서로를 품어 줄 수 있는 관계다. 상대의 필요를 알고 채워 주다 보면 결핍은 사라지고 상처도 치유된다. 부부가 치유와 회복의 관계로 서로를 채우고 품어 줄 때, 하나님이 부부에게 주신 하나 됨과 친밀함을 경험하게 될 것이다.

◇ 어린 시절, 가족과 함께 보냈던 기억나는 상황을 그림으로 그려 보라.

남편

아내

◇ 어린 시절, 부모님께 원하고 필요로 했던 것은 무엇인가?

(예 : 안정감, 믿어 주는 것, 소통)

◇ 현재 배우자에게 원하고 필요로 하는 것은 무엇인가?

(예 : 안정감, 믿어 주는 것, 소통)

완벽한 배우자는 없다

서로의 부족한 영역을 보완해서 살아가는 삶이 결혼 생활이다. 연애할 때보다 결혼한 이후에 배우자의 빈틈과 부족함을 더 많이 보게 된다. 이때 부족한 영역은 채우고 보완해 가며 살면 된다. 부족함만 보면 만족이 안 되지만, 장점을 보면 상대가 괜찮게 여겨지기 때문이다.

현재 배우자에게 만족하지 못하는 사람들은 대부분 배우자의 약점을 먼저 보기 때문이다. 그 약점을 바꾸려고 애쓰면 애쓸수록 더 실망이 돼서 만족감이 떨어진다. 사람을 볼 때 어떤 관점을 가지고 보느냐에 따라 그 사람에 대한 생각이 달라질 수 있다. 배우자의 약점을 보면서 "이것밖에 못 하네, 이것밖에 안 되네"라고 말한다면, 당신의 생각은 당신의 배우자를 그것밖에 안 되는 사람으로 인식하고 그 정도로 대하게 될 것이다. 그러나 약점 대신 장점을 보면서 "이것도 할 수 있네, 이 정도라니"라고 말한다면, 당신은 배우자에 대한 긍정적인 생각으로 인해 배우자를 매우 만족해할 것이다.

당신이 보고 부러워하는 옆집 사람, 혹은 교회의 집사님은 겉으로 볼 때 내 배우자보다 괜찮고 멋있어 보이지만, 실상은 그 사람도 약점을 지닌 부족한 사람이다. 다른 사람과 배우자를 절대 비교하지 말라. 당신에게는 현재의 배우자가 최고요, 최선이다.

배우자의 약점을 고치려고 하지 말라. 약점은 잘 변화되지 않는다. 대신 장점을 인정하고 칭찬해 주라. 그 장점이 점점 더 매력적으로 다가올 것이고, 배우자에 대한 만족도도 높아질 것이다. 자신의 배우자를 더 나은 사람으로 만들기 위해 무리한 것을 요구하는 사람들이 있다. 하지만 기억하라. 돈도 잘 벌고, 외모도 출중하고, 성격도 좋고, 아이도 잘 돌보고, 부모님한테도 잘하고, 신앙도 좋은 배우자는 이 세상에 없다. 당신도 안 되는 것을 배우자에게 요구하지 말라. 세상에 완벽한 배우자는 없다. 하나님도 우리에게 완벽을 요구하지 않으신다. 있는 그대로를 사랑하고 용납하신다.

세영 씨는 결혼 전 남편의 외모가 마음에 안 들어, 결혼 후 옷이나 신발로 커버하려고 부단히 애를 썼다고 한다. 다른 남편들처럼 자기 옆에 멋있게 서 있어 주기를 바랐는데, 그렇지 않을 때마다 마음이 상하고 남편에게 짜증을 내며 다른 남편들을 부러워했던 것이다. 기도하던 중 주님도 자기를 있는 그대로 수용하고 사랑해 주시는데 자기가 뭐라고 남편을 보며 짜증을 냈는지 회개가 되었다고 한다. 그래서 그다음부터는 남편의 있는 그대로를 수용하고 남편의 장점을 먼저 보며 칭찬해 주다 보니, 어느 순간 남편이 마음에 들면서 자기 눈에 멋져 보이더라는 것이다.

현재의 모습 그대로를 사랑하고 수용하자. 내 배우자만의 장점을 먼저 보고 그 안에서 만족하자. 완벽한 사람이 되려고 몸부림치지 말고, 완벽한 배우자로 만들려고 애쓰지 말자.

서로의 다름을 이해하고 수용하라

이 세상에 똑같은 지문을 가진 사람은 없다. 지문이 다르다는 것은 각 사람을 하나님이 고유하게 창조하셨다는 것이다. 우리를 다르게 만드신 데에는 하나님의 목적이 있다. 고유함을 인정하고 고유한 나로 살기를 원하시기 때문이다.

배우자와 우리 자신이 다름은 당연하다. 다름을 이해하고 그대로 수용하는 태도가 필요하다. 서로가 달라서 보완되는 것이 많다. 그러니 같아지려고 노력하지 말고, 다름을 비난하지도 말며, 그 다름을 이해하고 수용하자.

부부들이 상담을 와서 가장 갈등이 많은 요소로 꼽는 것은, 서로가 너무 달라서 이해가 안 된다는 것이다. 가끔 유명인들이 갈라설 때 서로가 너무 달라서 헤어진다고 말하는 것을 보게 된다. 달라서 함께 살 수 없다는 것이다. 본래부터 우리는 서로 달랐는데 다름에 대한 이해가 부족하고 차이를 수용하는 자세를 갖지 못했기에 다름에 대한 갈등이 심해진 것이다.

남편인 진헌 씨는 자기와 다르게 주도적이고 외향적인 아내가 빠른 추진력으로 많은 모임을 만들어 사람들과 시간을 자주 보내는 것이 스트레스가 되었다. 사람들과 연락하고 만나는 것이 아내의 역할을 제대로 안 하고 책임감 없는 모습으로 느껴져 헤어지려 했다. 진헌 씨는 아내인 혜진 씨가 잘못하고 있으며, 그런 아내의 행동은 틀렸다고 수없이 비난했다. 한국적인 정서에서 아내는 가족을 잘 돌보고 헌신하는 모습이어야 하는데 그의 아내는 그렇지 않기에 비난을 한 것이다. 나는 성격 검사를 통해 서로의 성격이 다름을 보게 했다. 진헌 씨는 아내의 성격이 사람을 많이 만나야 행복하고 삶의 기쁨을 느낄 수 있다는 것을 이해하게 되었다. 이 성격은 아내의 고유함이었다. 진헌 씨는 아내가 잘못하고 있고 틀렸다고 생각했는데 성격이 달라서 그랬음을 이해하고 나니 마음이 풀리고 괜찮아졌다.

다름은 틀림이 아니다. 다름은 차이일 뿐이다. 이해하고 수용할 때 다름이 편하게 와닿으며, 다름을 통해 서로 성장할 수 있게 된다. 배우자와의 다름을 발견하거나 차이가 느껴진다면 이해하고 수용하려는 자세를 가져 보자. 다름을 통해 얻는 유익이 많을 것이다.

그렇다면 이제는 남자와 여자가 어떻게 다른지를 살펴보자. 하나님이 각 사람을 고유하게 창조하셨듯이, 남자와 여자 또한 고유한 특성을 가진 존재로 창조하셨다.

남자의 관심은 성공과 성취,
여자의 관심은 관계와 소통

남자의 관심은 성공, 성취, 능력을 발휘하는 것이다. 결혼을 하게 되면 이 성공이야말로 남자에게 있어서 자존감이 올라가게 해 준다. 자신이 원하는 여자를 선택해서 결혼의 목적을 달성했으니 그 성취감은 아주 크다. 자신의 능력을 발휘해서 결혼까지 성취했으니 다음에는 또 다른 성공을 경험하기 위해 목표를 세우고 열심히 집중한다.

대부분의 남자들은 다음 목표로 일에서의 성공을 둔다. 남자의 이런 관심을 모르면 여자는 남자의 사랑이 식었다고 오해를 한다. 이 경우 여자는 계속해서 성공을 향해 집중하는 남자의 성향에 대해 이해할 필요가 있다. 남자도 성공에 대한 열망이 무모한 야망이 아닌 건강한 성취감을 경험하는 과정이 되도록 자신을 점검하는 것이 좋다.

여자의 관심은 관계와 소통이다. 여자는 관계를 중요시 여긴다. 관계가 좋아야 행복하다. 그래서 좋은 관계를 잘 유지하기 위해 애쓰고 노력한다. 결혼한 아내는 남편과의 관계가 중요하다. 이 관계를 좋게 하기 위해 무던히 애쓴다. 그리고 소통을 중요시 여기기에 늘 대화하고 싶어 한다. 소통이 안 되거나 충분한 대화를 하지 않을 경우 힘들어한다.

이처럼 서로의 관심에 차이가 있음을 이해하고 다름을 수용해야 한다.

남자의 삶의 힘은 자신을 필요로 할 때, 여자의 삶의 힘은 사랑받을 때

남자는 배우자를 선택할 때 자신을 필요로 하는 여자를 선택한다. 결혼 이후에도 남편은 아내가 자신을 필요로 할 때 도움을 줌으로 성취감을 느낀다. 아내가 남편에게 '당신이 정말 필요하다'는 표현을 해 주면 좋아한다. 남자들은 도움을 줄 때 살아갈 힘을 얻는 것이다. 그런데 너무 자주 도움을 요청하면 피곤할 수도 있으니 적절하게 도움을 요청하는 지혜가 필요하다.

남자에게 도움을 요청할 때는, 그 영역이 성취감 있고 남자의 능력이 발휘되는 것일수록 좋다. 예를 들어, 컴퓨터를 잘 다루는 남편에게 아내가 액셀 작업으로 재정 예산과 결산을 해 달라고 요청하면 남편은 자신 있는 영역에 도움을 주는 것이라 더 좋아한다. 만들어 주고 나서 뿌듯해하며 성취감을 누린다. 자신을 도와준 남편에게 "고맙다, 잘했다"라고 칭찬해 주면 남편은 기뻐하며 다음에도 또 도와줄 것이다.

여자는 사랑받는다고 느낄 때 힘을 얻는다. 자신을 사랑해 주는 남자로 인해 살아갈 힘을 얻는 것이다. 아내가 어떨 때 행복해하고 기뻐하는지 살펴보라. 관심을 갖고 살펴보면 아내가 기뻐하고 행복해할 때가 보일 것이다. 잘 발견되지 않으면 아내에게 물어보라. 어떨 때 사랑받는다고 느끼는지. 남편이 물어 올 때 아내는 남편에게 자세히 알려 주는 것이 좋다.

나는 남편이 운전해 줄 때 사랑받는다고 느낀다. 운전하는 것을 많이 두려워하기에 남편이 대신 운전해 줄 때 섬겨 주는 그 모습에서 사랑받는다고 느끼는 것이다. 이 사실을 아는 남편은 피곤하고 힘든 상황에서도 나를 위해 운전해 주려고 더 노력하고 있다. 그것이 나를 인정하고 사랑한다는 표현이기 때문이다.

아내들에게 부탁한다. 남편이 자신의 능력을 발휘할 수 있는 기회를 자주 갖게 하라. 그리고 사랑받을 때가 언제인지 남편에게 알려 주라.

남자의 필요는 존경과 칭찬, 여자의 필요는 사랑과 관심

남자의 필요는 존경과 칭찬을 받는 것이다. 그러니 남편이 무언가를 해냈을 때 칭찬해 주라. 예를 들어, 음식을 잘 만들었거나 분리수거를 하고 들어왔을 때 "와! 잘했어요"라고 칭찬하는 것이다. 아내를 위한 선물을 준비했을 때도 "와! 너무 예뻐요. 마음에 들어요"라고 칭찬해 주라. 남자들은 자기의 능력을 발휘해서 무언가를 해냈을 때 칭찬해 주면 성취감을 얻으며 자존감이 높아진다.

존경이란 무언가를 탁월하게 잘해서 하는 것이 아니다. 내게 없는 영역이 상대에게 있고 상대가 그것을 해냈을 때 그 영역을 존경하면 된다. 상대의 강점을 존경해 주라는 것이다. 예를 들어, 나는 인내심이 많지 않고 기다리는 것을 잘 못 한다. 반면에 남편은 잘 기다리고, 기다리면서도 편안해한다. 나는 이런 인내심이 많은 남편을 진심으로 존경한다. 사실 더 근원적인 것은, 상대의 존재를 인정하고 존경해 주는 것이다. 존재에 대한 존경과 인정이야말로 진짜 남편을 세워 주는 것이다. 성경이 아내들에게 "자기 남편을 존경하라"(엡 5:33)고 하는 이유는, 남편들이 아내의 존경을 원하기 때문이다. 그러니 남편의 존재를 인정하고, 남편이 잘하는 영역을 존경해 주라.

여자의 필요는 사랑과 관심과 이해를 받는 것이다. 아내는 평생 사랑받고 싶어 한다. 남편이 관심을 갖고 사랑해 주며 자신을 이해한다고 여길 때 아내는 행복을 누린다. 전화로 안부를 물어봐 주거나 문자를 보내는 것만으로도 관심 받는다고 느끼며 좋아하는 존재가 여자다. 그러니 작은 관심으로 아내를 행복하게 해 주라.

아내와 대화할 때 리액션을 잘해 주면 아내는 남편에게 이해받는 느낌을 가질 것이다. 이해한다는 표현의 리액션이 중요하다. 고개를 끄덕끄덕하면서 "그렇구나, 그래, 그래서?" 이렇게 간단한 말로 리액션을 해 주어도 여자는 이해받고 있다고 느낀다. 이렇게 리액션을 하면서 들어 보면 좀 더 깊은 대화로 나아갈 수 있다. 감성이 풍부한 아내의 경우 그때그때 사랑의 표현을 듣고 싶어 하니 관심을 가지고 표현해 주라. 작은 표현들이 아내를 행복하게 해 줄 것이다.

남자의 대화의 목적은 해결, 여자의 대화의 목적은 공감

남자는 해결해 주기 위해 대화를 한다. 대화의 과정보다는 결과

가 더 중요하다. 이유는, 상황을 해결해 주어 자신의 능력을 보이고, 해결했다는 성취감을 얻기 위해서다. 오랜 시간의 대화는 집중하기 어렵기에, 감정이 오고가는 대화보다는 가벼운 대화를 선호한다. 이야기는 문제를 해결하고 답을 주기 위해 듣는다.

아내가 어려움을 이야기했을 때 남편이 정답과 해결책을 제시해 주면 남편은 아내가, "와, 너무 놀라워요! 어떻게 이런 답을 줄 수가 있어요?"라고 대답해 주기를 원하지만, 예상치 못한 반응에 남편이 더 놀란다. 아내는, "왜 내 마음을 못 읽어 줘? 정말 대화하기 싫다" 하며 대화를 거부하기 때문이다. 남편은 무엇이 잘못되었는지도 모른 채 아내의 반응에 난색을 표한다. 무력해지고 좌절감을 경험하기도 할 것이다.

많은 부부들을 상담하면서 남편들의 심리를 알게 되었다. 남편들이 답을 주는 것은, 사랑하는 아내가 힘들어하니 답을 주어 아내를 잘 돕기 위함이었다. 정답과 해결책을 제시해 주는 것이 아내를 사랑하는 방법이었다. 아내들에게 부탁한다. 남편이 해결책을 제시할 때 '날 사랑해서 그러는구나' 하고 받아들이라. 남자의 해결은 사랑이다. 사랑하는 사람을 잘 도왔다고 믿는 사랑이다. 남편들에게도 부탁한다. 해결 이전에 공감부터 해 주라. 여자는 대화의 목적이 공감이기 때문이다.

여자는 감정을 주고받으며 대화할 때 마음이 통했다고 생각한다. 공감을 받으면 마음이 연결되었다고 느낀다. 이는 남녀의 가장 큰 차이이면서 갈등을 일으킬 수 있는 요소이기에 대화의 기술을 배우고 연습할 필요가 있다.

　남자들에게는 공감이라는 단어 자체가 이해가 안 된다. 이를 좀 더 쉽게 풀어 보면 감정을 읽어 주는 것이다. 감정을 읽어 주는 것은 그 감정을 같이 느끼는 것이 아니라, 상대가 그런 감정을 느낄 수 있다는 것을 인정하고 그 감정을 느끼는 것에 대해 이해해 주는 것이다.

　감정을 읽어 주기 위한 쉬운 공감은 상대가 감정 단어를 말할 때 그 감정을 그대로 반영해 주는 것이다. 예를 들어, "당신한테 문자 보냈는데 답장도 안 해 주고 연락도 없을 때 서운해"라고 말하면 "서운했구나"라고 감정을 읽어 주는 것이다. 보통 남편들은 "내가 놀고 있어? 바빠 죽겠는데 어떻게 연락해?"라고 말할 것이다. 이렇게 말하면 아내는 "그냥 감정만 읽어 주면 되는데 누가 뭐랬나" 하면서 더 화를 낸다.

　한번 연습해 보자. "오늘 회사에서 내가 실수한 것도 아닌데 팀장님이 나한테 뭐라고 해서 정말 짜증나고 화났어." 어떻게 공감해야 할까? 보통은 "직장은 원래 그래. 잘 견뎌"라고 말할 것이다. 이런 말을 들으면 더 짜증이 난다. 감정을 표현했던 그대로 "당신, 짜증나고 화났겠다"라고 감정을 읽어 주면 된다. 공감만 잘해 주어도 아내들은 남편이 자신의 마음을 이해했다고 좋아할 것이다. 공감이 먼저다. 해결은 그다음에 해 주어도 늦지 않다.

남자의 스트레스 해결은 혼자,
여자의 스트레스 해결은 함께

남자는 스트레스를 받을 경우 혼자만의 시간이 필요하다. 혼자 머리를 식히며 정리하고 싶어 한다. 반면에 여자는 함께 이야기해야 스트레스가 풀린다. 부부에게 갈등이 있고 대화가 어려울 때 남편은, "나중에 이야기하자", "나 좀 혼자 있게 해 줘"라는 말을 한다. 이는 아내가 수용하기 정말 어려운 말이다. '어떻게 나를 혼자 두려고 하지? 나를 사랑하는 것이 맞나?' 온갖 추측으로 남편이 혼자 있으려 하는 것을 용납하지 못한다.

나도 신혼 때 가장 어려웠던 것이, 갈등 상황에 남편이 자꾸만 혼자 있으려고 하는 것이었다. 나는 그런 상황이 도저히 이해되지 않아 남편을 쫓아다니며, "이야기 좀 해", "여기 앉아 봐"라는 말로 남편을 힘들게 했다. 함께 해결하지 않으면 아무것도 할 수가 없었다. 이야기하다가 남편이 해결되지 않은 상태에서 잠들면 자는 남편을 깨워서 다시 이야기하자고 괴롭혔다. 한숨을 쉬면서 "내가 잘못했어"라고 말하면 "뭘 잘못했는데?" 하며 추궁을 했다. "그냥 다"라고 답하면 화가 나서 제대로 이야기하라며 괴롭혔다. 새벽에 잠도 안 자고 시간마다 남편을 깨워서 힘들게 했다. 나도 이런 내가 이해되지 않았다.

스트레스를 받을 때 남편에게 혼자만의 시간과 공간이 필요함을 알게 된 후로는 남편이 정리할 때까지 기다려 주기로 했다. 빨리 나와서 대화하면 좋겠는데 남편은 시간이 많이 필요했다. 그 시간을 기다리는데 처음에는 열불이 났으나, 점차 기다리는 시간을 통해 내 마음도 편해지기 시작했다. 남편이 정리하고 나오면 다시 대화를 시작했다. 이 시간이 자연스럽게 인정되면서 서로의 다름을 존중해 주고 있다.

아내들이여, 혼자만의 시간 속에서 정리가 필요한 남편을 잘 기다려 주라. 그리고 남편은 혼자만의 시간을 통해 문제가 잘 해결되었으면 반드시 아내와 대화하라. 아내들은 함께 대화할 때 쌓였던 스트레스가 날아간다.

TIP. 남자 vs. 여자

1. 남자의 관심은 성공과 성취, 여자의 관심은 관계와 소통
2. 남자의 삶의 힘은 자신을 필요로 할 때, 여자의 삶의 힘은 사랑받을 때
3. 남자의 필요는 존경과 칭찬, 여자의 필요는
   사랑과 관심
4. 남자의 대화의 목적은 해결, 여자의 대화의
   목적은 공감
5. 남자의 스트레스 해결은 혼자, 여자의 스트레스 해결은 함께

하나님의 형상으로 남녀를 만드심

"하나님이 자기 형상 곧 하나님의 형상대로 사람을 창조하시되 남

자와 여자를 창조하시고"(창 1:27).

　하나님은 남자와 여자를 하나님의 형상대로 지으셨다. 하나님의 형상대로 지으셨다는 것은 우리 인간을 아주 가치 있고 존귀한 존재로 지으셨다는 의미다. 자신을 소중히 여길 의미가 여기에 있다. 그리고 이것은 상대를 소중히 여길 의미도 된다. 하나님의 형상대로 지음 받은 자신과 배우자를 소중하고 가치 있게 여겨 주라.
　남녀를 하나님의 형상대로 지으셨다는 의미에는 아주 깊은 뜻이 포함되어 있다. 하나님의 형상에는 삼위일체이신 하나님, 예수님, 성령님이 서로를 존중하고 섬기고 소통하는 이미지가 포함되어 있다. 하나님은 남자와 여자가 서로 존중하고 섬기고 소통하기를 원하셔서 하나님의 형상대로 지으신 것이다.
　하나님은 남자와 여자를 동등하게 만드셨다. 하나님은 남자와 여자가 서로를 존중하며 대하기를 원하신다. 그리고 서로를 섬기고 소통하는 관계가 되기를 원하신다. 서로 폄하하거나 무시하거나 함부로 대할 대상이 아니라는 것이다. 그러니 서로를 존중하며 섬기며, 소통하는 관계로 성장해 가라.

다른 성격을 수용하라

　사람의 성격은 저마다 다르다. 성격은 하나님이 디자인하신 것이기에 이 또한 고유한 나의 일부분이다. 성격은 성인이 되어서는 변화되기 어렵다. 따라서 자신의 성격을 이해하고 상대의 성격을 그대로 인정하고 수용해 주는 것이 필요하다. 성격은 좋고 나쁜 것이 아니라 상황에 따라 행동하게 하는 개개인의 구별된 행동이기에 있는 그대로 수용해 주어야 한다.

주도형

주도적인 성격은 속도가 빠르다. 주도형은 일 중심적이고 속도가 빠르기에 어떤 목표를 설정하면 성과를 내는 장점이 있다. 결정이 쉽고 결단력이 있다. 자신이 결정을 내리고 통제하는 것을 편하게 여긴다. 하지만 다른 사람을 따르는 것과 다른 사람이 내린 결정이 마음에 들지 않을 때 짜증이 난다. 시간이 많이 걸리는 것과 속도가 느려서 기다리는 것을 힘들어한다.

주도형은 상대가 자기의 속도만큼 따라오기를 바라는데, 상대가 버겁다는 것을 알 필요가 있다. 조금만 여유를 가지고 기다려 주라. 내가 내린 결정을 배우자가 따라 주지 않는 것은 반대하는 것이 아니라 다른 의견을 표현한 것임을 신뢰해 주라. 속도가 느린 상황에 대해 좀 더 여유 있게 기다려 주라. 주도형은 스스로 빠른 결정을 하게 되는 상황에서 배우자에게 괜찮은지 물어봐 주는 배려가 필요하다.

사교형

사교적인 성격은 이야기를 잘하고 공감을 잘해 주는 장점이 있다. 사교형은 자신의 이야기를 충분히 할 수 있는 환경과 들어 줄 사람이 필요하다. 제한 받지 않고 자신을 표현하게 도와주라.

사교형은 공감을 받지 못하면 마음이 어려울 수 있다. 풍부한 감정을 표현하고 그 감정을 공감받기 원한다. 감정이 풍부하다 보니 어느 순간 감정이 돌변하기도 한다. 그래서 감정의 기복이 심하게 보일 수 있다. 감정의 기복에 대해 비난하거나 무시하지 말고 이해해 주라. 5분 안에 희로애락을 다 표현할 수 있는 성격이어서 신중하지 않아 보일 수 있다. 하지만 그 순간만큼은 진심으로 대한 것이다. 변덕스럽다고 비난하지 않으면 좋겠다.

사교형의 배우자는 공감을 더 잘해 주어, 사교형이 강점으로 자기답게 이야기하고 표현하게 해 줄 필요가 있다. 사교형은 배우자가 자신(사교형)의 이야기를 좀 더 잘 듣고 공감할 수 있게 감정의 언어를 문장으로 잘 표현해서 말해 주는 노력이 필요하다. 자신의 감정을 공감해 주기만을 바라기보다 배우자에게 솔직하게 무엇을 원하는지를 구체적으로 말해 주라.

안정형

안정형은 말 그대로 안정적인 사람이다. 어떤 상황이든 순응하며 따르는 충성스러움이 장점이다. 안정과 평화를 중요시하고 변화를 어려워한다. 일보다 사람 중심적이며, 속도가 느린 편이다.

안정형은 온화한 미소를 지으며 상대에게 "다 괜찮아"라는 말을 많이 한다. 관계에서 안정을 원하기에 갈등이 일어나지 않게 상대에게 맞춰 주는 유형이다. 안정형의 배우자는 안정형이 다 맞춰 주기에 아주 편할 수 있다. 하지만 안정형이 정말 괜찮아서 괜찮다고 말하기보다는 괜찮지 않은데 배우자에게 맞추느라 참고 있다는 것을 알아주라.

안정형이 가장 힘들어하는 상황은 갈등이 생길 때다. 관계에서 갈등이 생기면 매우 힘들어하고 자신을 자책한다. 안정형의 배우자는 안정형이 필요 이상의 갈등을 만들거나, 자책하지 않게 도와주어야 한다. "당신 탓이 아니야"라고.

안정형은 자신의 감정이 어떤지를 말해 주는 것이 필요하다. "불편하다, 어렵다, 힘들다"라고 감정을 표현하는 것이 배우자를 당황하지 않게 하는 것임을 기억하라. 갈등이 일어나는 상황은 어쩔 수 없다. 그때마다 자신을 탓하거나 그 상황을 해결하기 위해 너무 참거나 애쓰지 말고, 자신의 감정을 솔직하게 표현하라.

신중형

신중형은 정확함과 탁월함이 장점이다. 매사에 실수하지 않기 위해 신중하게 생각하고 행동한다. 미리 계획하고 준비하며, 실수하지 않기 위해 무던히 노력한다. 분명하고 정확한 것을 신뢰하기에 의심이 많아 보이기도 한다.

신중형은 기준이 높아서 자신에 대해서도 배우자에 대해서도 만족하기 어렵다. 늘 부족한 것 같은 느낌으로 더 잘하기 위해 무던히 노력하는 유형이다. 노력해서 가장 탁월하게 성취해 내도 스스로 만족하지 못하기에 그 탁월함을 누리지도 못한다. 신중형은 다른 유형과 비교하며 스스로를 비하하지도 않는다. 자신이 세운 기준에 못 미칠 때 힘들어할 뿐이다. 그래서 신중형은 자신과 배우자를 인정해 주는 여유를 가질 필요가 있다. "이 정도면 됐어", "최선을 다했어"라고 자신과 배우자에게 말해 주는 것이 필요하다.

나는 주도형이 강하고 남편은 안정형이 강하다. 나는 남편보다 걸음도 빨라서 늘 앞서 걸으며, 남편과 논의하지 않고 결정해서 통보할 때가 많다. 남편은 안정형이다 보니 속도가 느리고, 사람을 배려하다 보니 모든 상황에 순응하며 지내는 편이다. 나는 남편의 속도가 느린 것과 사람들에게 맞추고 순응하며 지내는 것이 너무 스트레스가 되었다. 자기 의사를 분명하게 표현하고 빠릿빠릿하게 행동하길 바랐다. 이런 차이가 갈등이 되었다. 나는 답답할 때 남편을 재촉했고, 남편의 우유부단한 행동에 짜증을 냈다. 상담을 공부하면서 성격을 이해하고 난 후, 나는 남편이 결정하기까지 충분한 시간을 주고 있다. 물론 남편이 하루아침에 완전히 이해되거나 편해진 것은 아니다. 이해하기 위해 노력하고 기다려 주며, 천천히 결정해도 재촉하지 않는 연습을 계속하고 있다.

남편과 20년이 넘도록 살면서 감사한 것은, 조급한 나를 기다려 주었던 남편의 느긋한 성격과 뜻대로 안 되면 짜증내던 나를 맞춰

주는 남편의 순응하는 성격이다. 나도 남편의 느긋함을 기다려 줄
수 있는 여유가 생겼고, 빠르게 결정하지 않아도 천천히 편하게
남편을 대할 수 있게 되었다.

　서로 다른 성격이 불편한 것만은 아니다. 성격 차이로 인해 함
께 성장하며 보완되었기 때문이다. 배우자와 자신의 성격을 이해
하고 서로 수용하며 성장하는 기회를 가져 보자.

◇ 네 가지 성향 중 나는 어떤 성향의 사람인가?

◇ 내 배우자는 어떤 성향인가?

◇ 배우자와 함께 서로의 장점을 나누어 보고 장점을 칭찬해 주라.

가치관의 차이를 이해하라

　사람은 저마다 가치관이 다르다. 가치관은 자신이 중요하게 여기
는 가치를 따라 살아가는 것이다. 가치관의 다름으로 인해 부부가
함께 지내는 데 불편함을 겪을 수도 있고, 가치관이 이해되지 않아
상대의 행동에 대해 오해할 수도 있다. 예를 들어, 규율을 따라 사는
것이 중요한 사람은 약속 시간을 잘 지키고, 사회에서 요구하는 질
서를 중요시 여기며 그 질서에 맞게 따라 산다. 반면 자유로움을 중

요시 여기는 사람은 다른 사람을 신경 쓰지 않고 자신이 생각하고 느끼는 대로 마음껏 행동할 것이다. 이 두 사람이 결혼을 하면 규율을 지키는 것을 중요시 여기는 배우자는 자유롭게 행동하는 배우자가 이해되지 않을 것이다. 책임감이 없어 보이고 신뢰가 되지 않을 것이다. 반면 자유를 중요시 여기는 배우자는 규율을 따라 행동하는 배우자를 보면서 숨 막힌다고 생각하고 자신을 얽어맨다고 느낄 것이다. 이 부부는 너무 달라서 같이 살 수 없다고 여길 수도 있다.

　모든 행동에는 이유가 있다. 왜 그런 행동을 하는지 물어보라. 그럼 상대가 무엇을 중요하게 여기는지를 알게 될 것이다. 상대가 중요하게 여기는 가치관이 이해되면 상대를 수용하기가 쉽다. 당신이 중요하게 여기는 가치관이 무엇인지 찾아보라. 그리고 서로의 가치관을 나누어 보라. 자신이 이해되고 상대가 이해되면 함께하는 우리로 좀 더 편하게 살아갈 수 있을 것이다.

　공동체를 섬기며 봉사하는 것이 중요한 보영 씨는 개인의 성장과 절약하며 사는 것이 중요한 남편 성환 씨와의 가치관이 달라 많이 힘들어했다. 성환 씨는 공동체 모임에서 물질을 퍼 주고 많은 일로 섬기는 보영 씨를 못마땅해 했고, 보영 씨는 공동체 모임보다 혼자 있으려 하고 아껴 쓰라고 잔소리하는 성환 씨가 답답했다. 서로 비난하며 살다가 서로의 가치관이 달라서 그런 행동을 했음을 이해하고 난 후로는 부부가 서로를 배려하기 시작했다. 보영 씨는 성환 씨가 원하지 않을 경우에는 공동체 봉사를 하지 않았고, 성환 씨는 자신이 할 수 있을 만큼의 에너지가 있을 때 보영 씨가 봉사하는 모임에 가서 아내를 도와주었다. 성환 씨는 재정을 막 퍼 주는 것처럼 여겨졌던 아내가 진짜 도움이 필요한 사람들을 돕는 것을 보면서 아내를 인정해 주기 시작했고, 보영 씨도 남편의 동의하에 재정을 사용하려고 성환 씨에게 적절한 비용을 물어보게 되었다. 가치관이 달라서 생길 수 있는 갈등을 이 부부는 잘 해결했다.

아래의 도표에 나와 있는 목록 중 당신이 중요하게 여기는 가치관을 찾은 후 배우자와 나누어 보라.

> 수용, 공평함, 사랑, 책임, 신념, 종교, 충성심, 모임, 자유, 자연, 행복, 나눔,
> 인내, 정체성, 관계, 마음의 평안, 우정, 개방성, 축하, 재미, 도전, 관대함,
> 평화, 협력, 감사, 사역, 정직, 영향력, 웰빙, 공동체, 근면, 동정, 조화, 능력,
> 건강, 실용성, 친구, 명예, 존경, 경력, 협동, 개인 성장, 일, 섬김/봉사, 책임
> 감, 문제 해결, 용기, 창의력, 절약/검소, 풍부한 지략, 호기심, 유머, 규율,
> 독립, 발견, 소박함, 효율성, 고결함, 힘, 열정, 상호의존, 전통, 동등, 기쁨,
> 믿음, 윤리적 행동, 배움, 리더십, 평생 교육, 지혜, 성취, 신뢰성, 자녀, 헌
> 신/기여, 종의 자세, 노력, 성실, 삶의 목적, 재정적인 안정, 부/재산, 격려/
> 권면, 평등, 탁월함, 영적 성취, 가족, 배우자

◇ 당신이 중요하게 여기는 가치관은 무엇인가?

◇ 중요하게 여기는 가치관 3-4개를 선택해서 써 보고 배우자와 함께 나누
　어 보라.

가정의 문화를 알아 가라

사람마다 자라 온 가정환경이 다르고 가정의 문화들이 다르다. 어찌 보면 그 문화를 이해하는 것은 그 가정에서 자라 온 상대에 대한 깊은 이해가 될 수 있다. 전통적인 가정 문화에서 자란 사람도 있고, 개방적인 문화에서 자란 사람도 있다. 가족끼리 모든 것을 나누고 함께하는 가정도 있고, 각각 독립적으로 살아가는 가정도 있다. 재정은 일단 '쓰고 보자'라는 문화에서 자란 사람은 지출하는 것을 별로 어려워하지 않을 것이고, 무조건 저축해야 하는 가정에서 자란 사람은 빚지고는 못살 것이다.

배우자가 어떤 배경과 문화에서 자랐는지를 알아야 배우자가 이해된다. 가정의 배경과 문화는 배우자가 살아온 삶의 흔적이다. 원가족에 대한 이야기와 자라 온 삶의 스토리를 나누면 배우자가 더 잘 이해될 것이다. 우리는 아는 만큼 서로를 수용할 수 있기 때문이다.

우리 가족은 생일이면 모두 모여서 시끌벅적하게 축하해 주는 분위기였고, 남편의 가족은 생일을 중요하게 여기지 않고 그냥 지나가는 분위기였다. 그래서 서로 기대하는 바가 달랐다. 결혼 후에 맞이한 첫 생일, 나는 남편이 이벤트를 해 줄 것이라고 기대했다. 그러나 아무런 이벤트도 없이 흐지부지 넘어갔다. 매번 생일 때마다 미묘한 갈등이 생겼다. 나는 남편에게 서운함을 표시했고, 남편은 무언가를 해야만 하는 생일을 부담스러워했다. 이렇게 몇 년을 갈등하다가 나중에서야 서로 대화를 하며 원가족의 문화와 생활방식이 다름을 알게 되었다. 이것은 누가 틀렸다고 할 수 없는 부분이었다. 원가족의 배경을 알 때에야 비로소 이해되는 부분이었다.

20-30년을 서로가 다른 방식으로 살아왔으니 바로 이해하고 적응하는 것은 사실 어렵다. 오랜 시간과 인내, 배려가 필요하다. 아무리 자신의 가족 문화가 본인에게 편하더라도 배우자가 불편해한다면 상대를 위해 배려할 필요가 있다.

아버지를 일찍 여읜 민석 씨는 어머니와 네 명의 누나들의 방식에 맞추어 자주 여행도 다니고 모임을 가지며 살아왔는데, 그때마다 아버지를 대신해야 한다는 부담감이 늘 컸다. 반면 그와 결혼한 주희 씨는 가족과 그다지 친밀하지 않아 함께 여행을 가거나 모임을 갖지 않았다. 결혼 초기, 아내는 남편에게 맞추어 매주 시댁에도 가고 여행도 함께 다녔다. 이것들이 점차 부담되고 너무 힘들어져서 남편에게 솔직히 말했는데, 남편은 이것을 잘 이해해 주지 못했다. 결국 이들은 상담을 받으러 왔고, 가정의 배경과 문화를 알게 되면서 서로를 이해하게 되었다. 남편은 아내의 힘든 마음을 이해하기 시작했고, 아내도 남편의 서운한 마음을 헤아리게 되면서 서로 조금씩 양보해서 가족 모임 횟수를 조절했다. 이처럼 원가족의 배경 및 문화를 알아가는 과정과 서로를 이해하고 배려하는 자세가 필요하다.

은표 씨는 카드 사용과 대출 받는 것에 많은 자유함을 갖고 있었다. 반면 그의 아내인 유라 씨는 재정을 아껴 쓰고 저축하는 가정에서 자랐기에 재정을 마음껏 사용하는 것에 부담이 있었다. 결혼 후 5년쯤 지나서 아내는 남편의 재정 사용에 대해 너무 힘들어했고, 필요 없는 곳에 돈을 쓰고 허세를 부리는 태도에 불만을 가졌다. 부부가 상담을 통해 알게 된 것은, 아내는 정말 가난한 집안에서 어렵게 자랐기에 돈을 낭비하는 것을 너무 힘들어한다는 것이었다. 남편은 아내를 이해하면서 자신의 재정 사용을 조금씩 조율했고, 아내도 남편에 대한 비난의 태도를 줄이고 남편이 사용하는 재정에 대해 수용해 주게 되었다.

상대가 자라 온 가정의 배경과 문화를 무시하거나 비난하지 않는 태도가 필요하다. 서로를 충분히 알아 감으로 이해하고 수용하며, 조율해 갈 수 있기를 바란다.

◇ 당신과 배우자의 가정 문화에 대해 나누어 보라.

◇ 차이를 이해하고 수용하기 위해 서로 어떤 노력이 필요한가?

Q 아내의 말에 자꾸 상처를 받아요. 말을 좀 예쁘게 하면 좋겠는
데, 그게 그렇게 힘든 걸까요?

부부 각자가 배우자에게서 사랑받는다고 느끼지 못해 관계를 힘들어
하는 부부가 있었다. 남편은 아내가 자신을 무시한다고 생각하고, 아
내는 남편이 자기를 전혀 배려해 주지 않는다고 생각했다. 얼마나 심
각한지, 이들은 심지어 방도 따로 썼다. 배우자가 자신이 원하는 사랑
의 방법으로 표현해 주지 않아 생긴 갈등이었다.

남편은 아내의 "야, 네가 한 게 뭐가 있어?"라는 식의 말을 통해 아내
가 자신을 무시하고 사랑하지 않는다고 느꼈다. 남편이 아내에게 바
라는 것은, 아내가 존중해 주는 말로 자신을 세워 주는 것이었다. "여
보, 오늘도 수고했어"라는 말 한마디면 자신이 사랑받는다고 느낄 수
있는데, 계속해서 무시하는 말을 듣다 보니 사랑하기 어려워졌다고
했다. 반면 아내는 맞벌이를 하는데 남편이 집안일을 조금도 도와주
지 않자, 바깥일은 같이 하는데 집안일은 왜 여자만 해야 하느냐며, 자
기를 배려해 주지 않는 남편을 미워했다. 아내는 남편의 도움을 통해
사랑받는다고 느꼈던 것이다.

서로가 원하는 사랑이 무엇인지를 알고 난 후 남편은 아내에게 어떤
집안일을 해 주기 원하는지 물었고, 아내가 원하는 건 분리수거와 청
소기 돌리는 것임을 알게 되었다. 아내는 자기를 배려해서 집안일을
해 주는 남편에게 고마워했고, 그런 남편을 "고마워, 잘했어"라는 말
로 세워 주었다. 서로가 원하는 사랑의 표현으로 사랑해 주다 보니 두
사람의 관계는 호전되었다.

사람은 서로의 생김새가 다른 만큼 저마다 받고 싶은 사랑의 표현 또
한 다르기에, 서로 나누고 상대가 원하는 방법으로 사랑해 준다면 부

부 사이의 갈등은 그만큼 줄어들 것이다. 또한 사랑받고 싶어 하는 표현은 달라질 수 있기에, 인생의 계절에서 원하는 것을 알려 주면 좋다.

3.

서로의
감정 언어를
맞팔하라

♥

자신의 생각과 판단, 비판과 옳고 그름을 내려놓고 상대의 감정을 읽어 주는 것이
진짜 공감이다. 상대의 입장에 서서 상대가 어떤 기분이었을지, 그 기분을
대신 표현해 주는 것이다. 내 입장이 아닌 상대의 입장에 서는 것이다.

소통이 안 되는 이유

대화는 서로의 생각과 감정, 필요를 알 수 있는 중요한 통로다. 대화를 잘하면 결혼 생활에서 부부 관계가 견고해진다. 그런데 대화를 잘하는 부부를 만나기가 어렵다. 대화가 어렵거나 서로 소통이 안 된다고 느낄 때 이를 극복하기보다는 포기해 버리는 경우가 많기 때문이다. 부부들을 만나면서 소통이 안 되는 이유들을 알아보았다.

- 말하지 않아도 상대가 알 것이라는 착각

- 상대가 말할 때 잘 듣지 않음(예: 딴짓하거나 휴대폰 사용, 혹은 멍 때리고 있음)

- 생각을 말로 전하지 않음

- 어떤 감정인지를 모르며 감정을 전하지 않음

- 누가 옳고 그르냐를 따지는 경우

- 비난하는 언어를 사용
- 무시하는 표정을 지음
- 리액션하지 않음
- 전혀 공감해 주지 않음
- 말을 안 하고 화만 내는 경우
- 너무 피곤하거나 짜증날 때

소통이 안 되는 이유를 알고 그 영역을 건강하게 보완해 갈 때 소통은 한결 쉬워진다. 예를 들어, 우리 부부가 신혼 초에 소통이 되지 않았던 이유는 감정을 잘 전달하지 못함과 생각을 말로 전하지 않고 추측했기 때문이다. 특히 나는 말하지 않아도 남편이 알아줄 것이라고 생각했었다. 시간이 지나며 알게 된 것은, 아무리 부부여도 말하지 않으면 절대 모른다는 것이었다. 그리고 감정의 전달이 중요한데 감정을 전달하지 않다 보니 오해가 많이 생겼었다.

소통을 잘하기 위한 방법

앞의 소통이 되지 않는 이유들을 참고해서 소통을 잘하기 위한 내용들을 나누어 보려 한다. 자신이 가장 쉽게 할 수 있는 것부터 적용해 보라. 완벽이 아닌 진전을 연습하라.

잘 들어 주라

잘 듣는다는 것은 경청해 주는 것이다. 한자로 풀어 보면, 경(傾)은 상대에게 몸과 마음을 기울이는 것이다. 청(聽)은 왕이 백성의 말을 듣듯이, 열 개의 눈을 가지고 집중해서 볼 때 마음이 하나로 연결된다는 뜻이다. 곧 상대에게 몸을 기울여 그를 바라보며 집중해서 듣는 것이 경청이다. 경청만 잘해도 소통이 절반은 된 것이다.

상대방의 말을 경청할 때 공감이 훨씬 더 쉬워진다. 들으면서 상대방이 어떤 감정일까를 이해하는 것이다. 그 감정이 이해될 때 "○○○ 기분이었겠다"라고 말해 주면 상대는 이 공감적 경청을 통해 소통이 되었다고 생각할 것이다. 마음이 연결되고 친밀감을 느낄 것이다. 상대의 감정이 어떨지를 공감해 주라. 그리고 더 나아가서는 상대의 필요가 무엇인지를 탐색해 보라. 만일 어렵다면 무엇을 원하는지, 어떤 필요가 있는지 물어봐도 좋다.

어떤 사람이 누군가에게 자신의 이야기를 한다는 것은 자신의 감정과 필요를 알아 달라는 것이다. 이때 듣는 사람이 이 감정과 필요를 알아주면 정말 소통하는 느낌을 갖게 된다. 이렇게 하기까지는 연습이 필요하다. 계속 노력하는 경청의 자세를 연습하라.

생각을 말로 전하지 않을 땐 상대가 오해할 수 있다. 오해받지 않으려면 이해할 수 있게 자신이 어떤 생각을 하고 있는지 말해 주어야 한다. 정직하게 말해야 한다. 돌려서 말하거나 이중적으로 말하면 더 오해가 생길 수 있으니 정직하게 말하라.

감정을 나누라

소통이 잘되려면 감정을 편하게 주고받을 수 있어야 한다. 감정을 서로 주고받을 때 마음이 연결된다. 감정은 마음을 표현할 수 있는 좋은 통로다. 감정은 좋고 나쁜 것이 아니다. 옳고 그른 것도 아니다. 감정은 그저 표현해야 하는 에너지이다.

다른 사람의 감정을 잘 이해하기 위해서는 먼저 자신의 감정에 대해 솔직하게 느낄 수 있어야 한다. 감정을 나누는 것이 자연스러운 환경에서 자랐다면 감정을 나누는 것이 쉬울 것이다. 반면 감정을 나누는 것이 부자연스러운 환경에서 자랐다면 감정을 나눈다는 것은 그야말로 무에서 유를 창조해 낼 만큼 어려움일 것이다.

사고형인 사람들은 감정을 느껴 보라든가 감정을 표현해 보라고 할 때 어려워한다. 사고형에게는, "○○ 상황일 때 어떤 기분이었을지 생각해 봐"라고 말해 주어야 한다. 생각으로 감정을 찾는 것이 더 빠르기 때문이다. 그러고 나서 감정에 대한 이해와 느낌을 갖게 될 것이다. 사고형인 사람들이 감정을 느끼는 데 걸리는 시간을 기다려 주라.

고마운, 감사한, 기쁜, 고요한, 뿌듯한, 짜릿한, 편안한, 행복한, 흐뭇한, 희망찬, 흥분되는, 기대되는, 감격스런, 그리운, 뭉클한, 신나는, 즐거운, 흡족한, 후련한, 황홀한, 따뜻한, 개운한, 통쾌한, 너그러운, 감동되는, 만족스러운, 피곤한, 고통스러운, 놀란, 지친, 우울한, 답답한, 두려운, 불안한, 겁나는, 무기력한, 초초한, 비참한, 실망한, 낙담된, 억울한, 외로운, 위축되는, 조급한, 지겨운, 지루한, 짜증나는, 허전한, 공허한, 화가 난, 후회되는, 걱정되는, 쓸쓸한, 무서운, 힘든, 당황스러운, 무시되는, 허무한

앞에 있는 감정 단어들을 보면서 현재 겪고 있는 상황에서의 자신의 감정을 찾아보라. 그리고 그 감정을 있는 그대로 수용해 주라. 자신의 감정을 수용하고 인정해 주는 것이 스스로가 편안해지는 길이며, 자신의 감정을 찾아 느낄 수 있다면 상대의 감정에 대해서도 공감해 줄 수 있는 힘을 갖게 된 것이다.

상대의 이야기를 듣고 무슨 감정인지를 찾아보라. 그런 감정과 느낌을 인정하고 그 감정에 함께 머물러 주라. 동일하게 느끼지 않아도 된다. 그 감정을 인정하고 머물러만 주어도 상대는 그 마음에 깊은 위로와 격려를 얻을 것이다. 그리고 당신도 타인과 함께 마음을 나누는 기쁨을 누릴 수 있을 것이다.

공감은 타인과 함께 머물러 주며 감정의 결을 따라가는 것이다. 그럴 때 마음이 더 잘 연결된다. 혹시 감정을 찾기 어렵거나 머물러 주기 어려우면 물어봐도 좋다. 좀 더 알아 가면 감정에 함께 머

무를 수 있을 것이다.

공감해 주라

공감해 주지 않는 소통은 마음의 거리를 멀게 하고 관계가 진전되지 않게 한다. 공감은 서로의 마음이 연결되고 하나 되게 하는 중요한 요소다. 공감은 관계에서 중요한 영역이기에 계속해서 상대의 감정을 이해하기 위해 노력해야 한다.

이해하기 위해서는 상대의 생각과 감정을 알아야 한다. 알면 공감이 더 쉬워진다. 공감하지 않는 것은 상대의 생각이나 태도를 잘못되었다고 여기거나, 자신이 옳다고 확신하기 때문이다. 감정에는 옳고 그름이 없다. 감정은 그 자체로 인정해 주는 태도가 필요하다. 그렇지 않을 때 두 사람은 좁혀지지 않고 계속 멀어질 것이다.

자신의 생각과 판단, 비판과 옳고 그름을 내려놓고 상대의 감정을 읽어 주는 것이 진짜 공감이다. 상대의 입장에 서서 상대가 어떤 기분이었을지, 그 기분을 대신 표현해 주는 것이다. 내 입장이 아닌 상대의 입장에 서는 것이다. 예를 들어 보자.

"회사도 다니는데 집에 와서 집안일까지 하니까 힘들어."

이 말을 상대의 입장에서 상대의 감정으로 읽어 보라. 천천히. 그리고 이렇게 말해 주라.

"결혼 전에는 회사 일만 하면 됐는데, 결혼하고 나서는 회사 일도 하고 집안일까지 해야 하니 많이 힘들고 지치겠다."

이렇게 감정을 읽어 준다면 아내는 어떤 마음일까? 자신의 깊은 마음을 알아주는 남편을 통해 위로와 격려를 받아 마음이 편해졌을 것이다. 더 깊은 공감은 상대 곁에 머물러서 따뜻하고 깊은 관심으로 물어 주며, 상대의 말을 집중해서 잘 들어 주는 것이다.

최근에 일과 관계에서 너무 지치고 힘든 상황이 있었다. 사람들도 보기 싫고, 그냥 아무것도 하고 싶지 않은 상황이었다. 그래서 몇몇 사람들에게 "너무 지치고 힘들어서 그냥 좀 쉬려고요"라고 말했는데, 대부분의 반응이 "그래, 너무 무리했어, 이제 좀 쉬어" 혹은 "힘들었겠네"라고 짧게 말해 주는 것이었다. 일반적인 공감의 말을 듣는데 마음이 뭔가 허전했다. 더 이상 나누기가 싫어졌다. 그때 남편이 긴 시간 동안 내게 집중하면서, "당신 많이 힘들었나 보네. 뭐가 가장 힘들었어?"라고 따뜻하게 물어 주는데 눈물이 났다. 몇 마디 더 나누고, "당신, 쉬어도 괜찮아. 그만큼 누구보다 수고하고 애썼으니까, 내가 알아"라는 말을 듣고 나니 큰 위로가 되었다. 따뜻한 눈빛과 내게 물어 주는 그 마음에서 남편의 깊은 공감을 보았고, 이를 통해 마음이 연결되는 친밀함을 느꼈다.

따뜻한 눈빛으로 물어보고 잘 들어 주라. 배우자와 마음이 연결되는 깊은 공감의 시간이 될 것이다. 그러기 위해서는 배우자의 곁에 머무를 수 있는 시간적 여유와 마음의 여유가 필요할 것이다.

솔직하게 말하라

말하지 않으면 상대는 모른다. 말을 해야 알 수 있다. 그리고 궁금하면 물어봐야 한다. 그러니 알아주기를 바라거나 알아서 무언가 해 주기를 기대하지 말라. 내가 말해야 상대가 알 수 있다. 그래서 무슨 말이라도 주거니 받거니 해야 한다.

솔직하게 말하지 않아서 오해가 생기는 경우가 너무 많다. 말하지 않아도 알아주기를 바라는데, 그러지 못함에 마음이 상한다. 나아가, 솔직하기보다는 예의상 이중 구속 메시지로 말할 때도 많다. 예를 들어 보자.

"당신, 생일날 뭐 하고 싶어?"

"됐어, 생일은 무슨. 그냥 있는 밥 먹으면 돼."

"그래도 생일인데….."

"나이 드는 게 좋은 것도 아닌데, 그냥 당신이랑 함께 있으면 돼."

"그래? 알았어."

남편은 아내의 말을 그대로 믿고 퇴근 후 케이크 하나를 사 들고 들어왔다.

"뭐 사 왔어?"

"케이크는 사 와야 될 것 같아서….."

"케이크만?"

"응, 케이크만. 당신이 그냥 있는 밥 먹자고 했잖아?"

"아니, 그래도 뭐 맛있는 거라도 사 오든가 선물이라도 사 왔어야지."

"괜찮다 그랬잖아. 나는 신경 쓴다고 사 온 건데….."

"괜찮다고 해도 알아서 사 왔어야지. 내가 뭘 원하는지 몰라?"

"아니, 필요 없다고 하고서 왜 그래? 원하는 게 있었으면 말을 하지."

"그걸 꼭 말해야 해?"

이런 식으로 많이 싸웠을 것이다. 말하지 않아도 알아서 해 주기를 바라지만 말하지 않으면 절대 모른다. 예의상 괜찮다고 한 말은, 겉으로는 괜찮다고 하지만 속으로는 알아서 잘하라는 이중 구속의 의미다. 이것은 건강하지 않은 소통법이다.

동일한 상황에서 솔직하게 표현한다면 어떻게 달라질 수 있을까?

"당신, 생일날 뭐 하고 싶어?"

"내 생일이네? 내 생일 기억해 줘서 고마워. 나는 이번 생일에 해물 요리

가 먹고 싶어. 근처 식당에서 해물찜 포장해 와서 같이 먹자. 케이크는 치

즈케이크가 좋을 것 같아."

"또 뭐 필요한 거 없어?"

"선물은 당신이 손으로 쓴 카드랑 내가 애용하는 브랜드 립스틱."

"내가 그 브랜드와 립스틱 색상을 잘 모르는데…."

"사진 찍어서 보내 줄게."

"고마워. 그럼 내일 당신 생일은 이렇게 진행하자."

생일날 어떻게 되었을까? 분명히 행복하고 즐거운 시간을 보냈을 것이다. 이 예화는 우리 부부의 실화다. 예전에는 이중 구속 메

시지로 대화하다 보니 남편과 늘 싸웠는데, 솔직하게 말하고 나서부터는 서로 편하게 지낼 수 있었다. 자존심을 내세우거나 예의상 돌려 말하지 말고, 배우자와 솔직하게 대화해 보자.

비난의 말이 아닌 요청으로 전달하라

비난하는 언어를 사용할 때 나의 비난의 언어가 상대의 마음에는 비수가 꽂히는 느낌일 수 있다. 우리는 상황에 대해 말한다고, 상대에게 도움이 되는 권면의 말이라고 생각하지만 많은 언어가 비난으로 전달될 때가 많다. 예를 들어, "왜 늦었어?, 왜 내가 하는 말을 잘 안 들어?, 왜 선물 안 샀어?"라는 질문은 상대에게 상황에 대한 궁금함을 묻는 것이라 생각하지만, '왜'라는 물음 안에는 '너는 왜 그것밖에 못해?'라는 비난의 마음이 담겨서 전달될 수 있다. '왜'라는 비난을 빼고, "늦어서 무슨 일 있는 줄 알고 걱정했잖아, 내가 말할 때 당신이 잘 들었으면 좋겠어, 당신한테 선물 받고 싶었는데 없어서 서운하네"라고 말해 보라. 상대는 공격받거나 비난받는다고 느끼지 않고 자신에게 어떤 감정과 어떤 필요가 있는지를 분명히 알게 될 것이다. '왜'라고 물어야 되는 상황이라면 부드럽고 낮은 톤으로, 정말 궁금해서 묻는 마음으로 하라. 톤과 표정을 통해 궁금한 질문임을 알게 되면, 상대는 우리가 한 질문에 편안하게 잘 답해 줄 것이다.

비언어적 표현이 중요하다

비언어적 표현도 언어가 된다. 사실 말로 전달되는 언어는 7퍼센트일 뿐, 나머지 93퍼센트는 비언어적 표현으로 전달된다. 눈빛, 표정, 목소리 톤, 태도 등으로 전달되는 것이 더 많다는 것이다. 말은 하지 않았지만 무시하는 눈빛으로 바라보면, 상대는 눈빛을 통해 이미 상처를 받아 마음이 닫히게 된다. 상대를 존중하는 눈빛으로 바라볼 수 있어야 한다. 따뜻하고 편안한 표정으로 바라만 봐도 상대는 마음이 열릴 것이다. 목소리 크기와 톤도 들릴 만한 소리로 말하면 부담스럽지 않을 텐데, 높은 톤의 큰 소리로 말하면 공격적으로 들려서 상대의 마음이 닫히게 된다.

우리 부부는 운전할 때 비언어적 표현으로 인해 마음이 상할 때가 있다. 나는 운전은 두려워하면서 천천히 운전하는 것은 또 견디지 못한다. 그러다 보니 남편이 다른 차를 배려하느라 양보하고 천천히 갈 때면 짜증이 난다. 뭐라고 말은 못 하겠고, 그냥 한숨을 쉰다. 길을 잘못 들어서거나 모임에 늦을 때는 한숨과 함께 긴장감을 느끼는 눈빛으로 레이저를 쏜다. 아무 말도 하지 않았지만 남편은 내 비언어적 표현을 통해 마음이 상한다. 몇 십 분을 이런 식으로 가다가 목적지에 도착하면 남편은 나를 먼저 들여보낸다. 그러면 나는 그제야 알아챈다. 내 비언어적 표현이 남편의 마음을 상하게 했음을….

언어보다 비언어적 표현이 상대의 마음을 더 어렵게 할 수 있다. 비언어적으로 전달하는 언어가 더 큰 비중이 있음을 알았으니, 눈빛과 표정, 목소리 톤과 태도를 신경 써서 배우자에게 잘 전달하기 바란다.

리액션을 적절하게 해 주라

소통에는 반응을 보여 주는 것이 중요하다. 상대가 무슨 말을 할 때 고개를 끄덕거리며, "음, 그렇구나, 오, 정말?"이라고 짧은 말로 리액션을 해 주면 상대는 말하는 것이 어렵지 않고 오히려 더 많은 마음속 이야기를 하게 될 것이다. 이는 상대가 자신을 받아 준다고 느끼기 때문이다.

요새는 다들 너무 바쁘게 살다 보니 머물러서 들어 줄 마음의 여유들이 없다. 함께 있어도 휴대폰을 만지작거릴 뿐, 집중해서 바라보지 않는다. 건성으로 들으며, 말에도 반응하지 않는다. 그러다 보니 대화가 이어지기 어렵고, 대화의 의미를 찾기도 힘들다. 상담할 때 내담자들이 하는 말에 고개를 끄떡거려 주며, "그러셨군요, 어머, 아"라는 짧은 리액션의 말을 해 주면 내담자들이 더 많은 마음의 이야기를 꺼낸다. 자신이 수용되고 있다는 느낌 때문이다.

연애 시기와 결혼 초기에는 작은 것 하나도 리액션해 주기에 함께 대화하는 것이 좋아 더 많은 이야기를 주고받는다. 반면 결혼생활의 기간이 길어진 부부들은 서로가 편하고 익숙해지다 보니 서로의 말에 집중하지 않고, 때로는 리액션보다 무시하는 말이나 태도를 보이기도 한다. 편하고 익숙해진 부부일수록 서로의 말에 귀를 기울여 주고, 반응해 주고, 더 깊은 대화를 할 수 있어야 한다. "아, 그랬구나, 정말?, 오, 와, 어머나, 그런 일이?" 배우자가 말할 때는 이런 식의 리액션의 말을 해 주라.

왜곡된 생각과 왜곡된 말을 멈추라

소통에 필요한 중요한 한 가지는 왜곡하지 않고 듣는 것과 말하는 것이다. 왜곡해서 이야기하는 사람과 대화하는 것은 정말 힘들다. 모든 상황을 제대로 보지 않은 채 보고 싶은 대로 보고, 자신의 생각대로 생각한다. 계속 오해가 생겨서 관계를 지속할 수 없게 된다. 왜곡된 말로 상대를 힘들게 한다. 말이 제대로 전달되지 않아 자신도 오해받거나 손해 볼 수 있다.

건강한 사람은 왜곡하지 않고 있는 그대로를 보고 말하는 사람이다. 건강하게 소통하는 사람들은 상황을 있는 그대로 보고, 있는 그대로 말한다. 그래서 오해가 생기지 않는다. 사실 왜곡해서 듣고 말하는 사람은 마음이 왜곡되어 있어 그렇다. 문장을 잘 전한다고 해서 해결될 것은 아니다. 내면이 건강하다는 것은 굴곡이 없는 것이고, 그대로 반영할 수 있다는 것이다.

소희 씨는 사사건건 오해하면서 상처를 혼자 다 받았다. 남편이 전화 통화를 하다가 빨리 끊는 것 같으면, "누구야? 왜 내가 오니까 끊어? 어떤 여자야? 빨리 다시 통화해 봐, 그 여자 카톡 사진 보여 줘!"라고 하면서 남편의 통화를 의심했다. 뿐만 아니라 교회 공동체에서 다른 사람과 이야기만 하고 있어도, "그 사람하고 무슨 이야기했어? 왜 그렇게 친절하게 대해?"라며 관계를 의심했다.

누군가 "안녕" 하며 인사를 대충하고 지나가면 왜 자신을 무시했는지, 자신한테 무슨 감정이 있어서 그런 건 아닌지 왜곡해서 생각을 했다.

이렇게 왜곡을 하면 어느 누구와도 친해질 수 없고, 어느 누구와도 관계를 맺기가 어렵다. 심지어 배우자와의 관계도 어려워진다. 왜곡된 생각과 말을 하고 있다면 자신이 가장 괴로울 것이다. 자신의 생각이 다 옳다고 믿기보다는, 배우자와 친한 사람들이 하는 말을 한번 믿고 받아 주는 연습을 하기 바란다.

이기기 위해 대화하지 말라

대화를 할 때 이기려는 자세를 갖지 말라. 대화에는 이기고 지는 것이 없다. 커플이나 부부 중에 대화할 때 꼭 이기려는 사람들이 있다. 상대에게 질 것 같으면 "당신이 잘못했잖아? 빨리 잘못했다고 해"라고 강요한다. 승부를 인정할 때까지 몰아치는 경우 때문에 상대방은 "내가 잘못했어, 내가 미안해"라고 말하는 것이 습관이 될 수 있다.

강의 중 부부 대화를 연습하는데 한 남편이 계속해서 아내에게 재촉하는 모습을 보고 무슨 대화를 하고 있는지를 물었다. 남편은 대화에서 반드시 자기가 이겨야 하기에 아내가 잘못했다고 말하지 않으면 끝까지 말하게 한다고 했다. 왜 아내가 잘못했다고 말해야 하는지를 물었더니, 아내에게 이기지 않으면 화가 나기 때문이라고 했다. 그래서 일단 아내에게 먼저 사과를 강요한다는 것이다.

그리고 그 말을 듣고 나면 화가 가라앉는다는 것이다. 나중에 시간
을 내어 이야기를 들어 보니, 남편 안에는 상처가 자리하고 있었
다. 자라 오면서 억울함이 많았는데, 그때마다 자기가 지는 것 같
아 화가 났다는 것이다. 그래서 결혼하고 나서는 그 억울함을 느
끼지 않으려고 아내에게 먼저 사과를 강요했다는 것이다. 그리고
아내는 그런 남편과 대화하는 데 지쳐서 그냥 사과부터 한 것이
다. 이 부부를 만난 것은 잠시였지만, 남편은 자신에 대해 이해하
면서 아내에게 사과를 요구하지 않고 대화를 이어가 보기로 했다.

　대화에서 꼭 이겨야 하는 사람들에게, 왜 그런지에 대해 생각해
볼 것을 권면한다. 배우자는 계속 사과하지 말고 힘들더라도 대화
를 이어 가려고 노력해 보길 바란다.

TIP. 소통을 잘하려면

1. 잘 들어 주라.
2. 감정을 나누라.
3. 공감해 주라.
4. 솔직하게 말하라.
5. 비난의 말이 아닌 요청으로 전달하라.
6. 비언어적 표현이 중요하다.
7. 리액션을 적절하게 해 주라.
8. 왜곡된 생각과 왜곡된 말을 멈추라.
9. 이기기 위해 대화하지 말라.

갈등 해결

사람이 사는 곳에는 갈등이 있기 마련이다. 사랑하는 사람과 결혼해서 살면 갈등이 없을 것 같지만, 사랑하는 사람과 살아도 갈등이 있다. 남녀 차이, 성격 차이, 가치관의 차이, 소통의 부재, 재정 사용, 부부의 성, 시댁과 처가의 간섭, 바쁜 일상, 집안일 분담, 스트레스, 자녀 양육 등 여러 요인들로 인해 갈등이 생길 수 있다. 갈등이 있다면 잘 해결하면 된다. 갈등을 회피하거나 잘못 다루어서 관계에 어려움이 생기지 않도록 소통하면 된다. 소통은 갈등 해결에 있어 아주 중요한 요소다.

세준 씨와 지혜 씨 부부는 갈등이 있을 때마다 남편은 회피하고 아내는 끝까지 해결하려고 악착같이 남편을 쫓아다녔다. 끊임없는 잔소리로 이야기를 하다 보니 남편은 아내를 더 회피하며 마주 보지 않게 되었다. 한마디로 도망자와 추격자의 모습이었다. 남편은 갈등을 해결하고 싶어도 아내의 끊임없는 잔소리와 자신을 쫓아다니는 모습이 힘들어서 더 도망을 다닌다고 했다. 남편의 바람은 아내가 잠시 멈추어 주는 것이었다. 아내의 추격이 멈추어지자 남편이 도망을 멈추고 아내를 바라보게 되었다. 그리고 대화하기 시작했다. 남편이 자신을 바라봐 주고 말을 꺼내자 아내가 울기 시작했다. 너무 오랜만에 남편과 마주 보는 것이어서 감격이 된 것이다.

갈등을 해결할 때는 서로 준비되어 있어야 한다. 서로 편하게 대화할 수 있어야 갈등을 해결하는 데 도움이 된다. 물론 어떤 갈등은 부부의 소통을 통해 해결되기도 하지만, 어떤 갈등은 두 사람이 해결하기에 어려운 것도 있다. 그런 갈등은 잠시 선반에 두거나, 전문가에게 도움을 요청하는 것이 좋다.

시댁 이야기만 나오면 싸우는 부부가 있었다. 다른 영역은 어려움이 없는데 시댁 이야기만 나오면 아내는 분노하고 남편은 방어하기 급급했다. 둘이서 해결하기 어려웠다. 상담을 통해 알게 된 것은, 아들이 있고 없을 때 아내를 대하는 어머니의 태도가 달랐다. 아내는 자기가 나쁜 며느리가 된 것 같아 너무 억울해서 시댁 이야기만 나오면 분노했던 것이고, 남편의 경우 자기 어머니는 그런 분이 아닌데 아내가 그렇게 분노하고 싫은 내색을 하니 어머니 편에서 방어할 수밖에 없었던 것이다.

이 부부에게는 갈등을 해결하기보다 두 사람의 친밀함을 쌓는 시간을 더 많이 갖게 했고, 다른 영역에서 소통하는 연습을 시켰다. 시댁 이야기는 절대 하지 않게 했다. 시간이 흐른 뒤 두 사람이 편하게 소통할 수 있게 되고 친밀함이 쌓였을 때 선반에 두었던 시댁 이야기를 하게 했다. 중간에 상담자가 있어서인지 두 사람은 더 편하게 이야기를 주고받았다. 공격이나 방어가 아닌 진심이 담긴 이야기를 하기 시작했다. 아내는 남편이 자신을 나쁜 며느리로 보는 것 같아 너무 억울했는데 남편의 진심은 그게 아니었다. 어머니에게 뭐라고 하는 것이 자기 존재에 대한 비난으로 받아들여져서 방어했던 것이다. 두 사람은 서로의 깊은 감정을 주고받으며 오랜 갈등을 풀었다.

이처럼 부부 두 사람이 풀 수 있는 갈등은 즉시 푸는 것이 좋다. 더 심화되거나 어려워질 수 있는 갈등은 선반 위에 잠시 두었다가 나중에 해결하거나 전문가의 도움을 받아야 한다.

갈등 상황에서 사용하는 의사소통 유형

갈등 상황과 스트레스 상황에서 사용하는 의사소통 유형이 있다. 버지니아 사티어(Virginia Satir)는 역기능 가정을 조사하면서 가족들이 사용하는 네 가지 의사소통 유형을 발견하게 되었다. 스트레스 상황과 갈등 상황에서 사용하는 네 가지 의사소통 유형을 살펴보려 한다.

비난형

먼저는 비난형이다. 비난형은 말 그대로 비난의 말을 사용하는 유형이다. 비난형은 자신과 상황만 중요시 여긴다. 타인을 고려하지 않는다. 대부분 "다 네 잘못이야", "너 때문이야"라는 말로 상대를 비난한다. 사실 비난형은 자신이 비난받을까 봐 두려워 상대를 비난하는 것이다. 내적 감정은 비난받을 것에 대한 두려움이다. 비난형과 대화할 때는 비난의 말이 아닌 말로 해야 한다. 누구 잘못인지, 누구 탓인지를 따지려 하면 비난형은 가차 없이 상대를 매섭게 비난할 것이다.

나의 친정 식구들의 언어가 대부분 비난형이었다. "왜 문 꼭 안 닫고 다녀?", "누가 여기다 물 컵을 놔둬서 발로 차게 만들어?", "당신 때문에 재정이 어려워졌잖아!", "너 때문에 우리 집이 이 모양이 된 거야." 식구들끼리 비난하며 말하다 보니 말하는 것이 두려워지고, 한 사람 탓으로 몰고 가야 자신들이 보호받는 느낌이 들었던 것 같다. 이런 비난의 말을 계속 듣다 보면 이 사람 옆에 있기 싫어진다. 비난형은 나중에 외로운 삶을 살아가게 된다.

비난형이 스트레스 상황이 아닐 때는 강한 주장의 자원을 사용해서 일을 진행시켜 나간다. 우유부단한 상황에서 분명한 주장을 통해 목표를 이루는 자원이 되기도 한다.

비난형은 상대의 감정을 고려해서 비난보다는 요청하는 말로 전해 보라. 예를 들면, "왜 불을 안 끄고 다녀?"가 아니라 "불을 끄고 다니면 좋겠어"라고.

회유형

두 번째 유형인 회유형은 상황과 타인을 중시하고 자신을 돌보지 않는 유형이다. 다른 사람을 돌보는 것이 좋은 자원이 되기도 하지만, 갈등 상황에 타인의 요구에 맞추느라 자신의 감정과 필요를 무시한다. 친정어머니가 회유형이다. 늘 하시는 말이, "다 내 잘못이야, 나 때문이야, 나만 참으면 돼"였다. 나는 어머니를 보면서 '왜 다 당신 잘못이라고 할까, 잘못한 것도 없으신데' 생각했었다. 어머니는 비난형인 아버지의 말에 늘 회유하는 말을 하면서 자기 연민에 빠지셨다. 가족을 위해 희생하고 헌신하는 어머니의 모습이 늘 안쓰러웠다. 당신을 돌보셔도 괜찮은데 말이다.

회유형은 다른 사람을 기쁘게 하기 위해 존재한다. "제가 다 할 게요", "당신을 위해서라면 이 정도는 할 수 있어요"라는 말을 많이 한다. 늘 다른 사람의 필요를 채우기 위해서 애쓰고 수고한다. 자신을 돌보지 않으면서 타인을 돌보는 것에 늘 초점이 맞춰져 있다.

겉으로 보기에는 다른 사람의 요구와 필요를 잘 채워 주어 타인의 눈에는 괜찮아 보이지만, 회유형의 내면에는 분노가 있다. 억울함이 있다. 회유형은 자신보다 강한 사람에게는 회유하지만, 자신보다 약한 사람에게는 그 분노가 비난으로 나간다. 약한 자녀가 그 주된 대상이다.

회유형은 자신을 돌볼 수 있어야 한다. 갈등 상황에 타인에게만 맞추지 말고, 자신의 감정과 필요도 돌보며 표현하라. 회유형의 자원은 다른 사람을 잘 돌보는 것이기에 그 자원으로 자신도 돌볼 수 있으면 좋다.

초이성형

세 번째는 초이성형으로 상황만 중요시 여기는 유형이다. 자신과 타인은 무시한다. 상황을 잘 보다 보니 객관적이고 논리적이다. 감정에 사로잡히지 않는다. 그래서 문제 해결 능력이 장점이다. "생각해", "팩트는"이라는 말을 자주 한다. 갈등 상황에 논리와 사고를 통해 말하다 보니 타인이 답답할 수 있다. 감정이 없다고 느낄 수 있다. 벽을 보고 대화하는 느낌이 들 수 있다.

사실 초이성형도 감정은 있지만 느끼지 않는 것이다. 아니, 느낄 수 없는 것이다. 느끼면 힘들기에 사고로 전환하는 것이다. 초이성형은 시간이 걸리더라도 상황에 대한 해석보다 자신의 감정을 먼저 찾아보고 타인의 감정을 인정해 주는 연습을 하는 것이 좋다. 그런 다음 사실을 통해 문제를 해결하라.

남편은 초이성형이다. 대화할 때 자신과 내 감정은 생각하지 않고 상황에 대한 이야기를 많이 했다. 나는 갈등 상황에서 주로 울었다. 남편은 이런 나를 보면서 "울지 말고 생각해서 말해", "감정적으로 해결하지 말고 상황을 봐"라고 말하곤 했다. 선교지에서 10년간 선교를 하고 나서 나는 중증 근무력증 진단을 받았다. 그 진단을 받던 날, 나는 너무 슬프고 고통스러웠다. 남편에게, "의사 선생님이 그러는데, 이 병은 진전되다가 죽는 병이래"라고 말했더니, "인간은 누구나 다 죽어"라는 대답이 돌아왔다. 너무 기가 막혀서 집을 나가 밖에서 한없이 울다가 들어갔다. 나중에 남편에게 물으니, 자기도 마음이 아팠지만 그렇게밖에 위로할 수 없었다고 한다. 당시에는 이해되지 않았는데, 나중에 초이성형인 것을 알고 나니 남편이 이해가 되었다. 지금은 남편이 상황뿐만 아니라 자신과 내 감정도 읽어 주면서 대화를 할 수 있게 되었다.

산만형

마지막 유형은 산만형이다. 산만형은 자신과 타인과 상황을 다 보지 못하는 유형이다. 불안하고 두려워서 스트레스나 갈등 상황을 견디지 못한다. 그런 상황이 될 것 같으면 다른 주제로 돌리거나 재미있는 분위기로 전환하려 한다. 그렇지 않으면 집중하지 않고 산만한 행동으로 그 현장을 무시한다.

산만형의 장점은 재미있고 유머를 발휘하는 것이다. 산만형과 있으면 재미있지만, 갈등 상황에서는 전혀 갈등이 해결되지 않는다. 집중해서 대화하기도 어렵다. 산만형은 불안과 두려움을 주지 않고 편안함 가운데 자신과 타인과 상황을 볼 수 있도록 도와주어야 한다.

정우 씨는 가정 안에서 늘 긴장하고 지냈으며, 학교생활에서는 왕따를 당한 적이 있었다. 사람들 속에 있으면 늘 불편하기에 재미있는 이야기를 하거나 분위기를 띄우는 일을 많이 했다. 희주 씨는 정우 씨의 이런 유머러스한 부분이 마음에 들어 결혼을 했는데, 막상 살아 보니 밖에서는 그런 모습을 보이지만, 집에서는 "나 좀 내버려 둬" 하며 아내를 회피하곤 했다. 특히 긴장되는 상황에서 대화를 요청하면 정우 씨는 늘 집을 나가 버렸다. 희주 씨는 산만형인 남편을 이해하고 긴장되지 않게 만들어 줄 필요가 있었다.

산만형인 배우자와 대화할 때는 긴장되지 않는 편안한 분위기에서 아주 짧은 시간 내에 집중해서 해 주어야 한다.

결혼 생활에서 이런 의사소통 유형으로 일어날 수 있는 갈등의 예를 들어 보겠다.

회유형인 나와 초이성형인 남편은 갈등이 생길 때마다 주로 내가 울면서 "미안하다, 잘못했다"고 말하며 감정을 표현했다. 초이성형인 남편은 그런 나에게, "울지 말고 생각 좀 해"라는 말을 자주 했다. 이 말을 들을 때마다 나 자신이 참 초라해 보였고, 남편이 내 마음을 몰라주는 것 같아 속으로 화를 참았다. 신혼 초까지는 이런 패턴으로 소통하다가, 아이들이 생긴 후에는 "왜 이렇게 했어? 네가 잘못했잖아?"라며 비난의 화살을 약한 아이들에게로 돌렸다. 아이들에게는 비난형으로 소통한 것이다. 우리 부부는 공부와 연습을 통해 건강하게 소통하는 훈련을 계속했다. 그 결과, 지금은 갈등 상황에서 자신이 생각하고 느끼는 것을 편안하게 이야기할 수 있게 되었다.

호영 씨와 미나 씨 부부의 경우 남편은 산만형이고 아내는 비난형이었다. 아내는 "당신 왜 늦었어?, 왜 카드를 이렇게 사용했어?, 당신이 잘못한 거잖아"라는 식으로 비난을 했고, 남편은 아내가 이렇게 말할 때마다 불안해서 게임을 하거나 방을 왔다 갔다 하다가 결국엔 밖으로 돌게 되었다. 아내가 이야기하자고 하면 그렇게 불안하고 두려웠다는 것이다. 아내와는 잠시도 앉아 있지 못하고 산만하게 돌아다니며 이야기에도 집중하지 않다 보니, 아내는 남편과 대화하기를 포기하게 되었다. 이 부부는 대화 훈련을 통해 아내가 남편을 비난하지 않는 요청으로 아주 잠깐 이야기하는 시간을 가졌는데, 그 시간 동안 남편은 앉아서 듣게 되었고, 짧은 시간이지만 부부가 서로의 눈을 보며 대화를 할 수 있게 되었다. 산만형과는 아주 짧은 시간에 집중하는 대화가 효과적이다.

부부가 함께 갈등과 스트레스 상황에서 어떤 의사소통 유형을 사용하는지 찾아보고, 자신과 타인 그리고 상황까지 고려해서 소통하는 연습을 해 보면 좋을 것이다.

◇ 스트레스 상황에서 사용하는 의사소통 유형은 무엇인가?

◇ 스트레스나 갈등이 일어나는 경우는 언제인가? 그 갈등은 서로에게 어떤 영향을 주는가?

◇ 아직 해결되지 않은 갈등의 요인은 무엇인지, 그리고 어떻게 하면 해결할 수 있을지에 대해 나누어 보라.

분노에 대한 해결

부부 사이에 발생하는 분노를 잘 해결하지 못해서 갈등이 더 심화되거나 관계가 깨지는 경우가 많다. 분노는 잘 다루어야 할 2차 감정이다. 분노 밑에 있는 상처, 두려움, 좌절된 욕구 등을 보고 이것으로 인한 1차 감정을 전해야 한다.

"분을 내어도 죄를 짓지 말며 해가 지도록 분을 품지 말고"(엡 4:26).

성경은 분을 낼 때 죄를 짓지 말며 그날 풀라고 말씀한다. 그런데 우리는 분노라는 감정에 대해 부정적으로 보는 경향이 있어 분노는 무조건 잘못된 것이고, 표현하면 안 되는 것이라고 생각한다. 그래서 참기만 하다가 분노가 잘못 표현되기도 한다.

분노가 생길 땐, 먼저 그 분노가 어디서 왔는지 원인을 찾는 것이 중요하다. 보통 분노는 과거의 상처가 건드려졌거나 불안이나 두려움이 생길 때, 욕구나 기대가 좌절될 때 생긴다. 방 정리를 하지 못해 부모에게 자주 크게 혼난 적이 있는 사람은 "집 안 정리 좀 해"라는 말을 들을 때 그때의 상처가 떠올라 분노가 난다. 배우자가 대화도 없고 전화나 문자에도 전혀 반응이 없으면 자신을 사랑하지 않는 것 같은 불안과 관계가 깨질 것 같은 두려움으로 분노가 나는 것이다. 결혼기념일에 배우자가 감동스러운 시간을 선사해 줄 것이라 기대했는데 아무것도 없고 기억조차 못 하는 모습을 보았을 때 좌절된 기대로 분노가 나기도 한다. 당신은 어떤 경우에 분노가 나는가? 분노가 날 때 왜 분노가 나는지 잠시 생각해 보라.

부부들끼리 워터파크를 간 적이 있다. 활동적으로 노는 것을 좋아하는 나는 다른 커플들과 돌아다니면서 놀기를 원했는데, 남편은 온천탕에서 혼자 쉬고 싶다며 "다른 커플들과 놀다 와"라고 말했다. 밑에서부터 분노가 끓어올랐다. 순간 나는 생각했다. '왜 이렇게 분노가 나지?' 그때 어린 시절의 상처가 떠올랐다. 나와 놀아

주지 않고 늘 혼자 방치해 두었던 부모님에게서 받은 상처였다. 그 상처로 인해 남편이 나를 혼자 두는 상황에 화가 난 것이다. 나는 남편에게 침착하게 말했다.

"여보, 나는 어린 시절 혼자 방치된 경험이 있어서 혼자 가서 놀라고 할 때 화가 나요. 다른 커플들은 다 둘인데 내가 혼자 가서 놀면 외로울 것 같아요. 나랑 같이 가 주면 좋겠어요."

이 말이 끝나자마자 남편은, "그래? 난 당신이 나 신경 쓰지 말고 편하게 놀다 오라고 한 건데. 몰랐네요. 같이 갑시다"라고 말하며 내 손을 잡고 같이 가 주었다.

분노가 일어날 때, 숨을 크게 한번 쉬어 보라. 그리고 잠시 눈을 감고 이 분노가 어디서부터 나오는 것인지, 무엇 때문인지를 생각해 보라. 그것을 찾을 수 있도록 주님에게 기도해 보라. 그렇게 분노의 원인을 찾아냈다면, 그 원인과 감정을 상대방에게 솔직하게 그리고 차분하게 전해 보라.

"나 혼자 버려진 것 같은 느낌이 들어서 화가 난 거야."

"나를 두고 한참 있다 오니까 불안해서 화가 난 거야."

분노만 잘 조절해도 수많은 갈등을 해결해 나갈 수 있다. 무턱대고 소리 지르며 화내지 말고, 그 원인을 찾아 잘 해결해 나가길 바란다.

분노가 났을 때 무조건 참는 사람이 있다. 그 당시는 참아질 수 있지만, 다른 상황에서 쌓였던 분노가 터질 수도 있다. 폭발적인 분노가 더 위험하다. 또 다른 분노 표현 중에는 찔끔찔끔 표현하는 누수형이 있다. 상대가 분노의 원인을 정확히 알 수 없다. 분노가 난다면, 상대에게 화가 난 원인을 정직하고 지혜롭게 말하는 것이 좋다.

"나는 당신과 하루에 단 10분만이라도 대화하고 싶은데 당신은 TV만 보고 있을 때 화가 나요. 나를 돌보지 않는 것 같아 외로워요. 내 필요는 자기 전에 10분만이라도 차 마시면서 대화하는 거예요."

"나는 당신이 잠자리를 원하는 나를 째려보고 매몰차게 거절할 때 화가 나요. 무시당한 것 같고, 심한 거절감이 느껴져요. 내 필요는 거절할 때 좀 더 정중하게 '오늘은 어렵겠어요'라고 말해 주는 거예요."

"나는 _____ 때 화가 나요. 나는 _____ 느껴져요. 내 필요는 _____."

분노 시 절대 하면 안 되는 행동은 폭언이나 폭력을 행사하는 것이다. 너무 화가 나서 절제가 안 될 때는 잠시 떨어져 있으라. 그리고 감정이 어느 정도 가라앉았을 때 다시 이야기하라. 배우자가 너무 화가 나 있어 대화가 안 될 때는 타임아웃을 요청하라. 분노가 걷잡을 수 없을 때는 자신의 의지와 상관없이 폭력적으로 될 수 있다. 이것이 죄를 짓게 만드는 분노다. 주님은 이렇게 폭력적으로 표현되는 분노로 죄짓는 것을 원치 않으신다. 감정을 가라앉힌 상태에서 앞의 대화법으로 분노를 풀어 가라. 너무 화가 나서 절제가 안 될 때 "성령님", "주여"라고 외쳐도 화가 가라앉는다. 분노가 일어날 때 건강한 방법으로 해결할 수 있는 부부로 성장해 가길 바란다.

Q 남편이 자신의 힘든 일을 말해 주지 않아요. 혹시 나를 무시
하는 걸까요?

나은 씨는 남편이 힘든 것 같은데 자신에게 말해 주지 않는 것이 너무
속상했다. 자신이 남편에게 아무 의미 없는 존재인 것 같아 화도 났다.
남편에게 대화해 보자고 졸라대도 남편은 늘 "됐어, 아무 일도 없어"
라고 답할 뿐, 자신의 일이나 감정에 대해서는 절대 이야기해 주지 않
았다. 아내는 남편과 감정을 나누고 싶었는데 나누어 주지 않는 남편
이 야속하기만 했다.

상담에 나온 남편은 굉장히 절제된 모습으로 대화를 나누었다. 나는
남편에게 회사 일이 많이 힘들지 않은지 물어보았고, 남편은 괜찮다
고만 답했다. 나은 씨는 남편이 회사에서 겪고 있는 일들을 알고 싶다
고 말했지만, 남편은 "나만 참으면 돼, 당신은 알 필요 없어"라고 말했
다. 왜 아내는 알 필요가 없는지를 물어보았다. 그러자 남편은, 자신
도 이 짐이 너무 무겁고 힘든데 아내에게까지 이 짐을 나누어 줄 순 없
다고 말했다. 아내까지 힘들게 하고 싶지 않다는 것이다. 나은 씨는 그
말에 "당신이 말해 주지 않는 게 더 힘들어"라고 말했다.

나는 일 속에서 겪는 어려움을 나눈다고 아내가 힘들어지는 것은 아
니라고 이야기해 주었다. 그러면서 아내에게 자신의 감정을 표현하도
록 권했다. 그제야 남편은, 실적이 좋지 않아 적성에 맞지 않는 다른
부서로 이동하게 됐는데, 자존심은 자존심대로 상하고, 가족을 생각
하면 버텨야겠고, 이런 자신이 너무 힘들다고 말하며 눈물을 흘렸다.
아내는 남편의 우는 모습을 보면서, 그동안 얼마나 힘들고 어려웠냐
며 남편을 끌어안고 같이 울었다. 그러고는 "걱정 마, 여보. 당신 정 힘

들면 때려 쳐! 산 입에 거미줄 치겠어? 그동안 일하느라 고생했어"라고 말하며 이제 쉬어 가도 된다고 격려해 주었다.

남편은 아내가 자기처럼 힘들까 봐 말을 안 하고 있었던 것인데 아내가 자기의 마음을 알아주고 격려해 주니 마음이 한결 가벼워졌다며, 앞으로는 잘 견딜 수 있겠다고 말했다. 그러자 아내는, "당신이 마음을 나누어 주지 않는 것이 더 힘들지, 마음을 나누어 주면 하나도 힘들지 않아. 당신을 위해서라면 뭐든지 해 줄 수 있어"라고 말했다. 이런 아내를 보면서, 남편은 감정을 나누고 나니 마음도 너무 편해졌다며 여유 있게 웃었다.

이 부부뿐만 아니라 많은 부부들이 서로의 마음을 나누고 감정을 공유하기를 원한다. 감정을 나누어 보라. 기쁜 일은 배가 되고, 슬프고 힘든 일은 반이 될 것이다.

마음을
두드렸더니
허니문이 열렸다

1.

사랑은
조건이
아니다

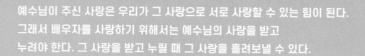

예수님이 주신 사랑은 우리가 그 사랑으로 서로 사랑할 수 있는 힘이 된다.
그래서 배우자를 사랑하기 위해서는 예수님의 사랑을 받고
누려야 한다. 그 사랑을 받고 누릴 때 그 사랑을 흘려보낼 수 있다.

부부에게 필요한 사랑

부부는 서로 사랑해서 결혼했고, 평생 사랑하기를 원한다. 그러나 막상 결혼을 해 보면 배우자 사랑하기가 그리 쉽지 않다는 것을 알게 된다. 필레오와 에로스의 사랑으로 사랑하는 것은 인간의 힘으로 어느 정도는 가능하지만, 아가페의 사랑까지 하려면 하나님의 도우심이 없이는 불가능해진다. 그래서 부부에게 필요한 사랑은 아가페의 사랑이다.

아가페의 사랑은 말씀을 통해 배울 수 있다. 바로 고린도전서 13장 말씀이다.

사랑은 (예수님은/○○은) 오래 참고

사랑은 (   ) 온유하며

사랑은 (   ) 시기하지 아니하며

사랑은 (   ) 자랑하지 아니하며

사랑은 (   ) 교만하지 아니하며

사랑은 (   ) 무례히 행하지 아니하며

사랑은 (   ) 자기의 유익을 구하지 아니하며

사랑은 (   ) 성내지 아니하며

사랑은 (   ) 악한 것을 생각하지 아니하며

사랑은 (   ) 불의를 기뻐하지 아니하며

사랑은 (   ) 진리와 함께 기뻐하고

사랑은 (   ) 모든 것을 참으며

사랑은 (   ) 모든 것을 믿으며

사람은 (   ) 모든 것을 바라며

사랑은 (   ) 모든 것을 견딘다.

'사랑은' 자리에 '예수님은'을 넣어 묵상해 보라. 예수님이 그런 사랑을 우리에게 주셨다. 그러고 나서 당신의 이름을 ( )안에 넣어 읽어 보라. 그리고 그런 사랑의 사람이 되도록 기도하라. 당신의 배우자에게 예수님의 사랑을 전해 주는 사랑의 배우자가 되길 기도하며 그런 사랑을 실천해 보라. 이 모든 사랑을 하루아침에 완벽하게 할 수는 없다. 죽을 때까지 어려울 수도 있다. 그러나 적어도 배우자를 위해 사랑이 자라 가고 전해지도록 노력은 하자.

나는 참 온유하지 못한 사람이다. 화를 잘 내고 열정이 많다 보니 온유함으로 부드럽게 남편을 사랑하기가 어려웠다. 이 말씀을 계속 묵상하면서 나를 온유함으로 사랑해 주신 예수님의 사랑이 얼마나 따뜻하고 부드러웠는지를 느끼고 나니, 남편을 향해서도 그런 따뜻함과 부드러움으로 말할 수 있게 되었다. 우리는 이렇게 완벽이 아닌 진전을 연습해 갔다.

또 화를 잘 내는 나는, 사랑은 성내지 않는다고 하신 말씀을 오랜 시간 묵상했다. 예수님은 내게 성내지 않으셨다. 남편에게 화 내려 할 때마다 이 말씀이 떠오르면서 화를 멈추게 되었다. 화를 냈다가도 잘못됨을 인식하고 사과하게 되었다. 이처럼 주님의 사랑과 말씀은 우리를 변화되게 하며, 성장시켜 주신다.

남편에게, 나를 사랑하는 데 있어 어떤 요소의 사랑이 필요한지를 물었을 때 남편은 오래 참음이라고 말했다. 예수님이 자신을 오래 참아 주셨듯이 나를 향해서도 오래 참아 주는 것이 필요하다고 했다. 시도 때도 없이 변하는 나의 감정적 반응에 바로 대응하지 않고 오래 참으면서 나를 대해 준 것이다.

예수님이 주신 사랑은 우리가 그 사랑으로 서로 사랑할 수 있는 힘이 된다. 그래서 배우자를 사랑하기 위해서는 예수님의 사랑을 받고 누려야 한다. 그 사랑을 받고 누릴 때 그 사랑을 흘려보낼 수 있다. 내 힘으로 안 될 때, 내 사랑으로 배우자를 사랑할 수 없을 때 예수님의 사랑을 구하라. 예수님의 도우심을 구하라. 예수님의 사랑이 배우자를 진정으로 사랑할 수 있게 해 줄 것이다. 고린도

전서 13장의 사랑을 꼭 부부가 같이 나누고 누려 보길 바란다.

배우자가 원하는 사랑으로 사랑하라

소와 사자가 사랑을 했다. 소는 가장 아끼는 풀을 사자에게 주었다. 사자는 먹을 수 없었다. 사자는 가장 아끼는 고기를 소에게 주었다. 소는 먹을 수 없었다. 가장 아끼고 좋은 것을 주었지만 상대는 받을 수 없었고, 사랑을 느끼지 못했다.

재미있는 예화지만, 많은 커플과 부부들을 통해 이런 경우가 많음을 보게 된다. 배우자가 어떨 때 사랑받는다고 느끼며 행복해하는지를 아는 것이 중요하다. 내 사랑의 방법보다 상대가 원하는 방법으로 사랑해 주라. 그러기 위해서는 먼저, 나는 어떨 때 사랑받는다고 느끼는지를 찾아보고, 배우자는 언제 사랑받는다고 느끼는지를 알아보라.

◇ 당신이 배우자에게 가장 많이 요구하고 원하는 것은 무엇인가?

◇ 배우자가 당신에게 무엇을 해 줄 때 기쁘고 사랑받는다고 느끼는가?

서로가 원하는 사랑을 해 준다면 부부는 친밀감을 누리며 관계
가 지속적으로 발전되어 갈 것이다. 그러니 배우자가 중요시 여기
며 원하는 사랑을 해 주라.

부부가 중요하게 여기는 우선순위를 체크해 보라. 자신과 상대
의 우선순위를 비교해 보고 서로를 이해하라.

남편		아내
	칭찬 & 인정하는 말	
	함께하는 시간	
	구체적인 선물	
	섬김 & 봉사	
	친밀한 스킨십	
	매력적인 모습	
	성적인 친밀감	
	정서적인 안정감	
	재정적인 안정감	
	대화	

사랑을 구체적으로 적용하기 위한 10가지 팁을 나누어 본다.

칭찬 & 인정하는 말

상대가 한 행동을 보고 구체적인 말로 칭찬하고 인정해 주라. 상대가 듣기 원하는 격려의 말을 친절한 어조와 태도로 말하는 것이 중요하다. 예를 들어, 상대가 부탁한 일을 해냈을 때 "부탁한 일을 잘해 주어서 고마워, 너무 잘했어"라고 이야기하거나, 배우자가 집안일을 하고 났을 때 "청소기를 밀어 주어 너무 고마워요, 집이 정말 깨끗해졌네요"라고 말해 주는 것이다.

◇ 듣고 싶은 격려의 말이나 칭찬의 말은 무엇인가?

함께하는 시간

서로에게 온전히 집중하면서 공동의 목적을 위해 함께 시간을 보내라. 서로 배려하고, 함께 있는 것을 즐기며, 무언가 함께하는 것을 좋아해 주라. 그러기 위해서는 방해되는 것을 먼저 제거해야 한다. TV나 SNS가 방해가 된다면 잠시 꺼 두고 배우자에게 집중해 주어야 한다.

일정에 맞춰 함께하는 시간을 계획해 보라. 함께 보낸 시간 중 가장 좋았던 몇 가지를 적고 서로 같이해 보라. 예를 들어, 카페에 가서 커피를 마시며 함께 대화하는 것을 원한다면 그 시간만큼은 다른 것을 하지 않고 서로의 대화에 집중해 주는 것이다. 또 함께 손잡고 산책하기를 원한다면 동네 주변이나 주말에 야외에 나가서 함께 시간을 보내는 것도 좋다.

◇ 배우자와 무엇을 함께하고 싶은가?

구체적인 선물

선물은 사랑을 나타내는 시각적 상징이다. 상대가 받고 싶은 선물 리스트를 갖고 필요할 때 선물해 주라. 작은 선물도 괜찮다. 편지를 원할 때 편지를 써 준다든지, 액세서리를 좋아한다면 길거리에서 판매하는 저렴한 것이라도 마음을 다해 선물하는 것이다.

◇ 받고 싶은 구체적인 선물은 무엇인가?

섬김 & 봉사

상대가 원하는 구체적인 섬김과 봉사를 효과적으로 해 주라. 그러기 위해서는 훈련이 되어야 하며, 헌신이 필요하다. 열정적이고 겸손한 마음으로 즐겁게 섬길 때 상대도 그것을 기쁨으로 받아들이게 된다. 예를 들어, 아내가 피곤해할 때 남편이 자원해서 청소해 주면 아내는 사랑받는다고 느끼며 행복감을 전해 올 것이다. 억지로 하는 것이 아닌, 사랑으로 봉사하는 모습을 보여 주면 더 행복해할 것이다.

◇ 받고 싶은 섬김과 봉사는 무엇인가?

친밀한 스킨십

상대가 어떤 스킨십을 원하는지 파악하라. 그리고 원하는 대로 사랑해 주라. 단, 원하는 정도까지만 해 주되, 당신이 좋아하는 스킨십으로는 하지 말라. 여기서 스킨십은 가볍게 손잡는 것, 허깅하는 것, 입맞춤 정도일 수 있다. 친밀한 스킨십이 꼭 성관계가 아닐 수도 있다는 것을 염두에 두라.

◇ 배우자가 해 주기를 원하는 스킨십은 무엇인가?

매력적인 모습

널브러져 있지 말고 자신을 가꾸고 꾸미라. 이는 지나친 화장이나 액세서리를 하라는 것이 아니다. 깔끔한 옷차림에 잘 정돈되어 있는 모습을 말한다. 자신을 가꾸고 꾸밀 줄 아는 모습이 사랑스러운 법이다. 그 모습이 매력적으로 느껴지는 것이다. 데이트할 때처럼 설레는 마음이 드는 것이다.

배우자와 외출할 때는 마음껏 꾸미고 멋을 내라. 당신의 모습에 배우자는 행복을 느낄 것이다. 다른 매력적인 모습도 있을 수 있다. 책을 읽거나 자신의 일에 집중하는 모습을 볼 때 매력적으로 느낄 수 있다.

◇ 배우자가 어떤 모습으로 있을 때 매력적으로 느껴지는가?

성적인 친밀감

말 그대로 성관계를 통해 친밀감을 누리는 것이다. 원할 때 성관계를 통해서 사랑을 나누는 것이다. 이런 친밀감을 위해 침실 분위기를 잘 꾸며 놓거나 향초나 은은한 불빛으로 편안한 환경을 마련하는 것이다. 함께 샤워를 하거나 부드러운 마사지를 해도 좋다. 충분한 전희를 갖고 서로가 온전히 친밀감을 누릴 수 있는 시간으로 보내면 된다.

◇ 배우자와 성적인 친밀감을 누렸다고 느껴지는 때가 언제인가?

정서적인 안정감

보이는 행동보다는 배우자를 생각할 때 느껴지는 안정감이 중요하다. 배우자의 행동이나 언어가 긴장되거나 불안하지 않고 배우자가 어떤 모습이어도 늘 한결같은 편안함으로 대해 주는 것이다. 정서적인 안정감을 주는 배우자는 자신의 내면의 감정을 잘 다룰 줄 알며, 배우자의 감정적 변화에도 흔들리지 않는 안정감을 갖고 있다. 변덕을 부리거나 감정의 요동함이 없는 것이다.

◇ 불안하고 힘들 때 배우자의 어떤 모습이 당신으로 하여금 안정감을 갖게 하는가?

재정적인 안정감

가정 경제에 책임감을 가지고 성실하게 재정을 사용한다. 계획을 세워서 안정적으로 재정을 사용하면 배우자는 안심을 한다. 무리해서 대출을 받는다거나 책임지지 못할 재정을 사용해서는 안된다. 재정 문제로 배우자를 힘들게 하거나 긴장시키지 않도록 해야 한다. 무모하게 일을 벌리거나 쉽게 그만두지 않아야 하며, 안정된 가정을 위해 책임감을 가지고 가족을 보호해야 한다.

◇ 재정적인 어려움과 긴장감이 생길 때 어떻게 해결하는가?

대화

상대의 말을 집중해서 들어 주며, 자신의 생각과 감정과 필요를 편안하게 이야기한다. 갈등 상황이 발생하면 회피하지 않고 대화로 해결하며, 상대의 말은 왜곡해서 듣지 않고, 자신의 생각은 비난이 아닌 정중한 요청으로 상대에게 전해야 한다. 언제든 대화하고 싶을 만큼 열려 있는 마음으로, 늘 편안하게 대화의 분위기를 만들어 주어야 한다.

◇ 누군가와 대화하고 싶을 때 어떤 자세로 대화하는가?

격려가 필요한 관계

사랑해서 결혼한 후에도 관계가 계속해서 친밀해지기 위해서는 격려가 필요하다. 신앙이 있어도 우리에게는 사람의 격려가 필요하다. 특히 사랑하는 사람의 격려는 삶에 힘이 되고 용기가 된다. 부부들을 보면 격려보다는 서로 무시하거나 경멸하는 듯한 태도를 보이며 말할 때가 있다. 가장 사랑하는 사람에게 가장 큰 상처를 주는 것이다. 배우자에게 주는 상처는 자신에게도 흔적으로 남아, 결국 두 사람 모두가 상처를 받게 된다.

상처 주는 말이 아닌 격려의 말로 배우자와의 관계를 친밀하게 세워 가 보라. 배우자에게 최근에 듣고 싶은 격려의 말이 무엇이며, 왜 그 말을 듣고 싶은지 이유를 들어 보라. 듣고 나서 배우자가 듣고 싶은 말로 격려해 주라.

나는 일을 할 때 정말 열심히 하는 편이다. 대충 하는 것을 어려워하고, 최선을 다해야만 마음이 편하다. 강의를 할 때도 그 강의가 인생의 마지막 강의인 것처럼 열정을 다 쏟아 낸다. 강의도 일도 최선을 다해서 하는 편이다. 함께 일하는 사람들이 이렇게 일하는 나를 격려해 주지 않고 계속 일만 하도록 몰아친다고 느낄 때 동력을 잃어버린다. 아무런 열정도 나오지 않는다. 그럴 때 나는 남편에게 격려를 요청한다. "당신이니까 해낸 거야, 수고했어"라는 말을 요청한다. 남편은 왜 이런 격려가 필요한지를 알기에 이 말 그대로 격려해 준다. 그러고 나면 다시 마음의 열정이 생긴다. 다시 일할 용기를 얻는다.

세상에서 힘듦과 어려움을 만났을 때 배우자를 통해 들은 격려의 말이 있다면 세상을 살아갈 용기와 힘을 얻게 된다. 먼저는, 자신이 듣고 싶은 격려의 말을 생각해 보라. 그리고 상대가 듣고 싶은 격려의 말이 무엇인지를 물어보라. 그 말로 서로를 격려해 주라. 이 세상에 나를 격려해 주는 따뜻한 사람이 있기에, 인생의 험난한 여정을 함께 걸어갈 수 있는 것이다. 그리고 주님이 이런 부부를 격려해 주신다. "가정을 잘 지켜 주어 고맙다. 둘이 살아가는 모습을 보니 아주 기쁘다"라고 격려해 주실 것이다.

◇ 당신이 듣고 싶은 격려의 말은 무엇인가?

◇ 배우자가 듣고 싶어 하는 격려의 말은 무엇인가?

◇ 격려 받고 싶은 말의 이유를 듣고, 그 말 그대로 격려해 주라.

취미 생활을 함께하라

긴 여정을 살아가는 데 있어 부부가 공동으로 갖는 취미는 부부의 친밀함을 더해 준다. 부부는 함께 살아가는데 이상하게 함께하는 시간이 많지 않다. 몸은 함께 있어도 정서적으로 함께한다고 느끼는 시간은 거의 없다. 그래서 부부가 함께 취미 생활을 하는 것이 좋다.

함께 운동을 배우든지, 독서를 하든지, 카페를 다니든지, 두 사람이 함께할 수 있는 활동을 하라. 하고 싶은 게 딱히 없다면 일주일에 몇 번이라도 함께 산책을 하라. 부부 관계는 시간이 지난다고 좋아지거나 더 친밀해지지 않는다. 오히려 친밀함이 사라질 수 있기에, 친밀함을 위한 꾸준한 노력이 필요하다.

나는 결혼 후 남편에게 수영을 배워 남편과 함께 수영을 했고, 성경 공부를 같이했으며, 잠시 시간을 내어 카페에 가서 이야기하는 시간을 가졌다. 함께하는 그 시간을 통해 우리는 더 친밀해졌으며, 20년이 넘은 지금도 함께하는 여정이 좋다.

가능하다면 결혼하기 전부터 두 사람이 함께하는 연습을 하라. 이는 결혼 후 자연스럽게 부부만의 취미로 이어져, 두 사람의 친밀도가 높아질 것이다.

결혼기념일을 의미 있게 보내라

결혼하고 나면 생기는 기념일이 있다. 바로 결혼기념일이다. 결혼한 그날을 기념하는 것이다. 많은 부부들이 결혼기념일에 이벤트를 기대하거나 특별한 시간을 보내고 싶어 하지만, 그렇지 못한 것이 현실이다. 바람은 드라마에서 보는 것과 같은 서프라이즈한 이벤트인데 배우자가 그 기대를 충족시켜 주지 못하면 결혼기념일은 부부 갈등이 더 심화되는 날로 기념이 된다.

나도 결혼하고 나서 10년간은 남편이 이벤트해 주기를 기대하다가 좌절되면서 밤새도록 심하게 싸웠던 것으로 기억한다. 결혼기념일을 10년 동안 의미 없이 행복하지 않은 기억으로 보내던 중 문득 이런 생각이 들었다. '결혼기념일이 이벤트하는 날인가? 왜 꼭 남자가 여자한테 해야 하지? 결혼은 우리 둘이 한 건데.' 그래서 11년째 결혼기념일부터는 결혼기념일의 의미를 살려 함께 시간을 보내기로 했다.

일단 둘이 먹고 싶은 식당에 가서 맛있는 식사를 하고, 카페에 가서 대화를 했다. 주제는 1년의 시간 동안 결혼 생활에서 감사했던 것을 나누고, 앞으로의 1년 동안 서로에게 바라는 점이 무엇인지, 어떻게 사는 것이 가치 있는 삶인지를 나누기 시작했다. 너무도 풍성하고 의미 있는 시간이었다. 어떤 이벤트가 없어도, 서로에 대한 감사와 서로가 바라는 결혼 생활을 나누고 격려하는 시간이 너무 행복했다. 그 후로도 매년 동일한 주제로 감사하는 마음과 서로의 바람을 나누었다. 놀라운 것은, 바람을 나누다 보니 바람대로 되는 우리 부부 관계를 보게 되었다. 개인에게도 부부에게도 성장이 있었다.

결혼 20주년 때는 바다를 좋아하는 우리 둘이 바닷가 근처로 1박 2일 여행을 떠났다. 바다를 보며 맛있는 음식을 먹고, 자연을 즐기는 시간을 가졌다. 저녁엔 숙소에서 20년 동안 살면서 배우자에게 고마운 것, 감사한 것을 편지지에 써서 읽어 주는 시간을 가졌다. 처음에는 스무 가지를 다 쓸 수 있을까 걱정하며 써 내려갔는데, 나중에는 작은 것 하나가 얼마나 고맙고 감사한지, 쓰면서 마음이 따뜻해졌다. 각자가 쓴 것을 읽어 주는 시간에 우리 부부는 울컥해서 눈물을 흘렸다. 20년간 함께 살아온 시간이 정말 감사했고, 남편이 너무 고마웠다.

그날 우리는 정말 행복했다. 행복은 다른 게 아니라, 그때 그 순간을 감사하며 즐기는 것이었다. 우리는 그 편지지를 잘 보관했다가 결혼기념일마다 감사의 내용을 하나씩 더해서 쓰기로 했다. 50주년이 되면 50가지 이상의 감사가 기록되어 있을 것이다. 우리가 쓴 이 감사의 편지를 우리 둘 중 한 사람이 먼저 떠나는 날 임종 전에 읽어 주려 한다. 함께 살면서 감사했던 것을 읽어 주는 것보다 더 귀한 선물은 없을 것이다. 그리고 우리 둘 다 떠나는 날 자녀들에게 이 감사의 편지를 유산으로 남겨 주려 한다. '너희가 사랑하는 엄마 아빠는 이 땅에서 이렇게 감사하는 부부로 지냈다'는 것을 기록으로 남겨 주려 한다.

결혼기념일의 의미를 함께 나누며, 어떻게 보내는 것이 의미 있고 서로에게 성장이 되는지를 두 사람이 소통해 보길 바란다. 어려우면 우리 부부가 했던 결혼기념일 나눔으로 해도 좋다. 결혼기념일을 의미 있고 감사한 날로 보내 보라. 함께 살아갈 삶이 더 기대될 것이다.

부부도 데이트가 필요하다

부부가 살면서 친밀한 시간을 보내지 않으면 부부의 친밀도가 내려간다. 함께 살아도 시간을 내어 만나지 않으면 부부가 함께 대화하기도 어렵고, 친밀한 시간을 갖기도 어렵다. 따라서 부부들도 정기적으로 시간을 정해서 데이트를 할 필요가 있다.

결혼 후 부부가 늘 만나는 곳은 집이다. 집 안에서 함께 시간을 보내다 보면 부부가 함께하고 있다고 생각할 수 있다. 하지만 엄밀히 말하면 몸만 함께 있는 것이지, 부부가 서로에게 집중해서 함께 친밀한 시간을 보내는 것은 아니다.

우리 부부도 결혼 후 아이를 키우고 살면서 친밀함은커녕 그저 밋밋하게 지내던 적이 있었다. 그러다가 한 달에 한 번, 부부 데이트를 의무적으로 하게 되면서 대화도 많이 하고, 친밀도도 높아졌다.

부부들에게 강력하게 부부 데이트를 권한다. 부부 데이트를 통해 서로에게 집중하고, 부부의 친밀도를 높여 가라. 아래의 사항들을 참조해서 성공적인 부부 데이트를 실행하라.

대화 데이트

대화는 상대방에게 나의 생각과 느낌과 기대를 말하고, 상대방의 생각과 느낌과 기대를 들어 주는 과정이라 할 수 있다. 그런데 우리는 하고 싶은 말만 하고, 듣고 싶은 말만 들으려 한다. 대화는 연애할 때뿐 아니라 결혼 후에도 아주 중요하기에 계속 연습을 해야 한다.

여자는 남자가 마음을 잘 표현하지 못한다는 것을 이해해 주라. 남자는 느낌이나 감정보다 생각을 표현하는 것을 더 편하게 여긴다. 여자는 남자에게 "기분이 어때?"라고 물어 주며 자신은 어떤 기분인지를 말해 주면 좋다. 서로 더 깊은 대화를 나누고 싶다면 질문 카드와 격려 카드를 활용하라. 다양한 질문 카드를 선택해서 대화를 주고받고, 서로 받고 싶은 칭찬의 말이나 격려의 말을 주고받으면 더 친밀감을 느끼게 된다.

우리 부부가 처음 데이트를 할 때, 남편은 자기 생각만 이야기했고, 나는 내 감정만 말했다. 남편은 감정 표현이 안 되었고, 나는 생각을 조리 있게 전달하지 못했다. 하지만 시간이 지나면서 생각과 감정을 주고받을 수 있을 만큼 성장하게 되었다.

나는 감성이 아주 풍부한 편이다. 내 마음이 전달되지 않거나 수용되지 않으면 자주 울었다. 한번은 남편이 내 마음을 몰라 줘서 펑펑 운 적이 있다. 나는 위로와 격려가 필요했는데, 남편은 울지만 말고 생각해서 말하라고 했다. 내가 아무리 울어도 내 마음을 알아주기 어렵다는 것을 알게 된 후로는 내가 느끼는 감정을 문장으로 하나하나 표현해서 알려 주었다. 심지어 위로하는 방법까지 상세하게 알려 주었다. 남편은 내 이야기를 들으면서 나를 조금씩 이해하기 시작했다.

동시에, 나는 왜 관계에서 힘들 때마다 우는지를 탐색해 보았다. 그러던 중 늘 울고 계시던 친정 어머니의 모습이 떠올랐다. 어머니는 억울해도, 답답해도, 관계가 어려울 때도, 갈등이 있을 때도 항상 우셨다. 나는 어머니의 모습을 보면서 해결하기 어려운 일이 생기면 자연스럽게 엄마처럼 울고 있었던 것이다. 하지만 우는 대신 내 감정을 전하고 나서는 더 이상 울면서 남편을 힘들게 하지 않게 되었다.

여자들이 착각하는 한 가지는, '사랑하면 남자가 다 알아주겠지'라는 것인데, 남자는 말하지 않으면 모른다. 말을 해 주어야 한다. 남자에게는 정확히 요청해야 한다. "○○○ 해 주면 좋겠어"라고 구체적인 행동까지 부탁하면 더 좋다. 당신이 요청하는 것을 다 들어줄 거라는 기대는 하지 말라. 요청했어도 할 수 있는 만큼만 하게 하는 배려가 필요하다.

우리 부부는 서로 많이 다르지만 대화를 통해 솔직히 나누면서 성장했다. 다르다는 것은 성장의 기회가 될 수 있다. 서로의 다름으로 인해 어려움이 생길 때 관계를 포기하지 말고, 서로가 성장할 수 있는 대화를 해 보자.

활동적인 데이트

야외에서 함께 활동을 하면 신선한 에너지를 얻는다. 공원을 산책하거나 가끔 외곽으로 드라이브를 나가도 좋다. 우리 부부는 강의를 다닐 때 외부의 예쁜 카페나 산책할 수 있는 공원에서 데이트를 하는데, 그런 시간을 보내고 나면 이상하게 남편이 더 멋져 보이면서 친밀함이 확 증가된다.

TIP. 함께하면 좋은 데이트 코스

- 자연 즐기기: 주제가 있는 코스 여행, 등산하기, 바다 보러 가기 등
- 이벤트 즐기기: 평소 상대방이 가고 싶어 하던 장소에 가기, 상대 직장에 깜짝 방문하기 등
- 운동하기: 탁구, 볼링, 배드민턴, 조깅, 수영 등
- 기타: 드라이브하며 음악 감상, 미술관 방문, 영화 보기, 서점 가기, 산책 하기 등

부부가 관계를 확장해 다른 건강한 부부들과의 모임을 가지면
좋다. 부부 모임에 참석해서 함께 나누다 보면 우리 부부의 문제
가 아무것도 아님을 보기도 하고, 사는 모습이 다들 비슷하기에
편해지기도 한다. 인생을 앞서 경험한 부부들과 나누다 보면 두
사람의 문제도 더 쉽게 해결할 수 있다. 정기적으로 한 달에 한 번
정도 부부 모임을 통해 부부 관계에 도움이 되는 주제를 나누는
것을 권한다.

TIP. 창의적인 부부 데이트 추천

- 연애 시절 좋았던 데이트 장소 가 보기
- 결혼기념일에 1년간 감사했던 결혼 생활을 나누고 앞으로 1년간 부부
  관계 성장을 위한 계획 세우기
- 예전 사진 보며 서로에게 끌렸던 점 이야기해 보기
- 버킷리스트 작성해서 나누어 보기
- 20-30년 후의 모습으로 분장하고 사진 찍기

배우자와의 여정이 마쳐지는 날이 있다

남편이 암으로 젊은 나이에 주님 곁으로 간 지인이 있다. 그 과
정을 보낸 아내의 기도와 글이 내게 참 감명 깊었다. 긴 투병 시간

동안 이 부부는 하늘나라에 소망을 두고 삶이 주어지는 시간 속에서 둘이 참 많이 사랑했다. "우리 남편 너무 멋있지 않아요?" 하며 남편의 얼굴을 한없이 쓰다듬던 아내와, 그 모습을 흐뭇하게 바라보며 고통을 감내하던 남편의 모습에서 나는 천국을 보았다.

하나님이 이 부부를 얼마나 기뻐하실까. 이 부부가 얼마나 사랑스러우실까. 이 땅에서 함께 보내고 싶은 이 부부의 열망을 주님도 아실까. 좀 더 살게 해 주시면 안 될까. 여러 생각이 들었다. 이 부부는 '함께 있어도 좋지만, 하나님이 먼저 데려가셔도 감사하다'는 이야기를 내게 해 주었다. 주님을 너무 사랑하기에 주님 곁에 가도 좋다는 고백이었다.

주님은 이들의 고백을 들으신 것처럼 남편을 천국으로 데려가셨다. 고통도 아픔도 슬픔도 없는 그곳으로. 남편을 보내고 삶을 살아가는 아내가 어느 날 내게 이런 말을 해 주었다.

"우리 부부는 남편이 아프기 전까지 진짜 많이 싸우고 힘들었는데, 아프고 나서야 남편의 말을 듣기 시작했고, 남편이 무엇을 원하는지를 알게 되었어요. 진짜 사랑을 하게 되었어요. 남편은 지금 없지만, 남편이 했던 말을 기억하면서 남편이 원하는 대로의 삶을 살고 있어요."

나는 이 부부를 보면서 다른 부부들에게도, 우리 배우자가 언제 내 곁을 떠날지 모르니 함께할 수 있을 때 나누고 사랑하라고 말한다. 영원히 살 것 같지만 영원히 함께하지 못한다. 언제 먼저 내 곁을 떠날지 모르니, 함께 살아가는 여정을 누리라고 말한다.

오늘이 마지막 날인 것처럼 살아간다면, 오늘이 마지막 사랑인 것처럼 사랑한다면, 우리의 삶과 사랑은 더 의미 있지 않을까 생각한다.

"살아가자, 마지막 날인 것처럼.
사랑하자, 마지막 사랑인 것처럼."

Q | 남편하고 대화하는 건 마치 벽하고 대화하는 것 같아요. 아예 말을 안 하는 게 나아요. 이 벽을 어떻게 무너뜨리면 좋을까요?

결혼 4년 차인 민영 씨는 남편하고 대화하는 것이 너무 힘들어서 대화를 아예 포기했다. 잠도 아이와 잤다. 남편이 높은 벽 같아서 바라보는 것조차 힘들어했다. 대화를 안 하다 보니 벽은 점점 더 높아졌고, 서로 편하게 보는 것조차 어려워졌다.

민영 씨가 남편에게 원하는 것은 하루에 단 5분이라도 따뜻한 차 한잔 마시며 대화하는 거였다. 남편이 자기의 마음을 알아주길 바랐던 것이다. 그런데 남편은 아내가 뭘 원하는지 몰라 아내와의 대화를 피했던 것이다.

민영 씨는 남편에게 바라는 것을 구체적으로 말했다. 퇴근 후 5분이라도 차 마시면서 자기의 이야기를 들어 달라는 것이었다. 하루 동안 아이를 돌보며 힘들었을 자기를 위로해 달라는 것이었다. 남편은 그 정도는 충분히 해 줄 수 있다고 말했다. 대신, 자신을 무시하는 듯한 태도가 아닌, 부드러운 태도로 대해 달라고 요청했다.

부부는 서로가 원하는 것을 나누면서 그동안 높게 쌓였던 벽이 내려앉는 것을 경험했다. 두 사람 모두 그 장벽 앞에서 소통을 원했던 것이다. 벽은 하루아침에 쌓이지 않는다. 오랜 시간에 걸쳐 점점 높아진다. 하지만 놀라운 것은, 아무리 높은 벽이라도 부부가 대화하면서 마음을 알게 되면 그 벽이 한순간에 무너지기도 한다는 것이다. 그야말로 부부의 신비다.

한마디 말로 호전되고 풀어지는 관계가 부부다. 부부 관계에 장벽이 있는가? 대화를 통해 장벽을 무너뜨리자.

2.

서로를 통해
신앙의 키를
자라게 하라

함께 한 방향을 향해 가야 한다.
두 사람이 가는 방향이 달라서는 안 된다.
두 사람이 하나님이 인도하시는 한 방향을 향해 함께 가는 것이 사명이다.

신앙의 색깔이 다를 때

결혼 생활을 하는 데 있어 서로 다른 신앙의 색깔로 갈등이 있을 수 있다. 같은 그리스도인이지만 교파나 다니는 교회가 달라 영적으로 갈등하는 부부를 만난 적이 있다. 서로 자신의 교회에 와서 예배를 드려 보고 한쪽을 선택하자고 했는데, 결국 서로의 신앙 색깔이 달라서 함께 다니는 것을 포기했다. 아내는 뜨거운 영성을 추구하는 교회였고, 남편은 이성적인 가르침을 중요시하는 교회다 보니 서로의 신앙을 이해하기 어려웠다. 상대의 신앙이 인정도 안 되고 서로 비난까지 하게 되자 부부는 대화조차 어렵게 되었다. 한 부부는 추구하는 신앙 가치가 달라 따로 교회를 다니게 되었다. 함께 일상을 살아가는 데 어려움은 없지만, 깊은 대화나 영적인 소통을 할 수 없어 관계가 힘들다고 했다.

이런 갈등이 있을 때 어떻게 해결해 가면 좋을까? 먼저 흑백논리로 보지 않았으면 한다. 누가 옳고 틀리냐의 관점으로 대하지 말라. 하나님을 알아 가고 교제하는 데 다양한 방식이 있음을 인정해 주라. 이단이 아닌 이상, 같은 그리스도인들끼리 좀 더 서로를 존중해 주는 성숙함이 있으면 좋겠다.

가장 위험한 것이 나만 옳고 내 신앙만 바르다고 생각하는 것이다. 상대를 존중하고, 상대의 신앙생활의 모습을 인정해 주라. 한 분이신 하나님과 성경 말씀을 믿고 따르는 것에 가치를 두어 상대의 신앙을 존중해 주라. 물론 가장 좋은 것은 함께 교회를 다니는 것이다. 그러기 위해서는 상대의 신앙을 비난하기보다 존중하고 인정해 줄 때 가능함을 기억하라. 한 공동체에서 함께 성장하도록 가족이 함께 한 교회에 다닐 수 있기를 바란다.

부부의 영성

그리스도인 부부들은 결혼 후 신앙이 더 좋아지기를 바라는데, 오히려 청년 때보다 신앙이 더 안 좋아지는 경우들이 생기기도 한다. 둘이 함께 하나님을 믿으면 신앙이 더 좋아져야 하는데 그렇지 못한 것이다. 여러 가지 이유가 있을 수 있다.

가장 먼저는 공동체의 변화다. 청년 때는 청년부 안에서 체계적인 훈련과 다양한 모임 속에 자연스럽게 신앙이 성장된다. 하지만 결혼과 동시에 청년부를 떠나 장년부에 소속되면, 구역 예배나 여전도회, 남전도회에 신혼부부들이 적응하기가 어렵다. 그러다 보니 모임에 나가지 않게 되고, 예배만 드리다 보면 소속감도 떨어져 교회 가는 의미가 희미해지면서 부부의 신앙이 자라지 않게 된다.

나는 신혼부부들이 청년부에서 3-5년 정도 머물면서 청년들의 멘토가 되어 주고, 청년부 안에 신혼부부 그룹을 만들어 그 안에서 함께 모임을 가지라고 권면한다. 자녀가 자라다 보면 필요에 의해서 자연스럽게 장년부로 넘어가게 되는데, 이때는 적응하기가 더 쉽다.

또 다른 이유는 시간과 삶의 여유가 많지 않음이다. 청년의 시기에는 부모님들이 감당해 주시는 일들이 있었기에 부담이 적었다. 하지만 결혼 후 새롭게 생긴 집안일과 양가 가정의 대소사에 함께 참여하다 보면 시간도 삶의 여유도 부족하게 된다. 그러다 보면 영적인 영역을 소홀히 하게 되면서 보이는 일들로 인해 분주하게 살아가게 된다.

나는 신혼부부들이나 육아를 하는 부부들에게 종종 권면한다. 집안일보다 부부에게 먼저 초점을 두라고 말이다. 밀린 집안일을 매일 하다 보면 부부가 함께 대화하는 시간도 없고, 함께 기도하는 시간도 없다. 피곤하다 보니 영적인 예배에도 빠지게 된다. 우선순위를 두고 의지를 드려 예배를 드리고, 부부가 함께 영적인 시간을 보내도록 하라. 집안일이 부부 관계보다 우선시 되지 않도록 부부가 함께 시간을 보내며 영적인 나눔을 함께해 보라. 부부가 말씀을 보거나 기도하고 예배하는 것이 소홀해졌을 때, 의지를 드려 시간을 내어 예배를 드리고, 가정에서 영적인 나눔을 갖도록 노력해야 한다.

부부의 사명

사명이라 하면, 무언가 비장하고 무거운 희생과 헌신이 떠오를 수 있다. 진정한 의미의 사명은 인생의 방향이다. 하나님이 인도하시는 삶의 방향을 따라 나답게 살아가는 것이 사명이다. 하나님은 내가 할 수 없거나, 부부가 할 수 없는 것을 하게 하시는 그런 하나님이 아니다. 하나님은 부부가 가지고 있는 그들만의 고유함과 중요시 여기는 가치를 따라 살도록 인도해 주신다.

우리 부부의 고유함은 강의와 상담이다. 우리가 중요시 여기는 가치는 도움이 필요한 청년과 부부들을 잘 도와 가정이 건강하게 서도록 돕는 것이다. 우리 부부는 이 사명을 따라 기도하며, 이 방향을 향해 함께 가고 있다.

부부가 한 방향으로 나아갈 때 시너지 효과가 난다. 하나님이 우리를 만드신 목적은, 우리가 하나님이 만드신 최고의 작품으로 그 모습 그대로 살면서, 하나님이 베푸신 은혜를 모든 세대에 전해서 사람들을 도우며 살아가는 것이다. 부부의 사명에도 이런 하나님의 목적이 반영되어야 한다. 그 마음으로 도움이 필요한 사람들을 도울 때 하나님 나라가 임하는 것이다. 부부의 고유함으로 다른 이들을 함께 도우면서 하나님 나라를 이루어 가기 바란다.

한 부부가 전셋집에서 신혼 생활을 하며 맞벌이를 하던 중 아내가 출산을 앞두고 있어 일을 그만둘 상황이 되었다. 그러던 중 남편이 목사님의 말씀에 도전을 받아 교회 건축을 위해 전세금을 빼서 헌금을 하자고 했다. 이 부부가 가진 재정은 전세금이 전부였다. 하지만 남편은 완강하게 밀어붙였다. 결국 아내의 허락도 없이 전세금을 빼서 헌금한 남편은 산꼭대기 집으로 이사해서 만삭인 아내와 월세를 내며 살게 되었다. 아내는 무거운 몸으로 산꼭대기를 오르내리며 남편의 독단적인 결정에 화가 나 남편과 대화도 하지 않고 지냈다.

이 부부는 사명을 따라 사는 삶이라고 볼 수 없다. 보통 사명이라고 하면 과하게 헌신하고 희생하며, 목회자의 말에 무조건적으로 순종하는 것이라고 생각할 수 있는데, 배우자와 한 마음이 아닌 한 사람의 독단적인 결정에 의한 것은 건강한 사명이 아니다. 헌금을 얼마나 했는지의 문제가 아니다. 어떤 역할을 따라 살아가는 것도 아니다. 직분을 감당하는 것도 아니다. 부부의 사명은 하나님이 인도하시는 방향을 두 사람이 함께 가는 것이다. 두 사람의 고유함과 가치를 따라서 한 방향으로 가는 것이다. 기도하면서 부부의 사명 선언문을 만들고, 그 사명을 따라 사는 부부가 되도록 노력해 보길 바란다.

사랑과 용서 - 성령의 도우심을 구하라

부부가 살다 보면 갈등이 심화되기도 하고, 해결하지 못할 것 같은 상황에 포기하고 싶을 때도 있을 것이다. 그런 부부들을 종종 만났었다. 상담도 한계를 느끼고 더 이상 양보 없이 이기적인 모습을 보일 때, 주님의 도우심을 구하게 한다. 주님의 사랑에 머물게 한다. 주님의 용서를 묵상하게 한다. 그 사랑과 용서를 묵상하다 보면 용서하지 못할 잘못이 없다. 긍휼함으로 사랑하는 것이 어떤 것인지를 배우게 되는 것이다.

부부는 평생 용서를 배우고 용서를 실천해야 하는 관계다. 용서하기 위해서는 주님의 도우심이 절대적으로 필요하고, 성령님의 능력이 간절하다.

은비 씨는 남편의 무관심과 책임감 없는 행동에 상처를 받아 헤어지고 싶어 했다. 둘이 사는 것보다는 오히려 혼자 사는 것이 더 마음 편할 것이라고 생각해서였다. 나는 은비 씨에게 남편을 용서하기가 그렇게 어렵냐고 물었다. 큰 잘못을 저지른 것도 아닌데 행동으로 인한 실망을 돌이킬 수 없었는지, 처음에는 완강하게 안 된다고, 어렵다고 했다. 나는 은비 씨와 함께 말씀을 묵상하고 기도했다. 예수님의 용서하심을 같이 묵상하며, 우리의 죄와 허물을 용서해 주신 그 사랑을 감사했다. 은비 씨는, 처음에는 침묵하더니 눈물을 흘리며 회개하기 시작했다. 주님의 사랑이 자신 안에 없음을, 주님의 용서하심을 잊어버리고 산 것을 회개하고, 다시금 주님의 사랑과 용서를 받고 누리게 하심을 감사하며, 이 사랑과 용서로 남편을 품을 수 있게 도와달라고 기도했다.

며칠 뒤 은비 씨에게 전화가 왔다. 남편을 용서하고 다시 한 번 사랑하기로 했다고 말해 주었다. 나는 남편을 개인 상담과 코칭을 통해 좀 더 책임감 있는 사랑으로 아내를 위해 주도록 도와주었다. 지금은 이 부부가 같이 인생의 여정을 걸어가고 있는 모습만 봐도 감사하다.

우리에게는 사랑하며 용서할 능력이 없다. 지속적으로 주님의 사랑을 묵상하며, 우리를 용서하신 그 용서가 감사를 통해 삶으로 흘러가야 한다. 그 주님의 사랑과 용서가 배우자와 자녀들에게 흘러가도록 영적으로 깨어 있어야 한다. 부부 사이에 사탄이 틈타지 못하도록 깨어서 기도하고 말씀을 붙잡아야 한다.

사탄은 분열시키고 깨뜨리고 나누는 일을 한다. 그러한 사탄에게 기회를 주지 말라. 주님의 십자가 앞에 머물라. 그분의 마음과 그분의 뜻을 분별하라. 이 시대에 가정이 깨어지지 않기를 원하시는 주님의 마음을 품으라.

평생을 관계의 어려움으로 어머니와 다투셨던 아버지가 마지막 임종 전에 어머니에게 하신 말씀은 "여보, 미안해"였다. 그러자 어머니도 미안하다고 하시며 "당신이 함께 살아 줘서 고마웠어. 수고했어. 여보, 사랑해"라고 하시고는 아버지를 부둥켜 안고 우셨다. 부모님이 보여 주신 용서와 사랑은 내게 큰 선물이 되었다. 용서가 사랑으로 흘러감을 보았다.

아직 용서할 수 있을 때 용서하자. 그 용서가 당신의 부부 관계에 사랑으로 돌아올 것이다.

Q 누구보다 믿음 좋은 남편이었는데, 결혼 후에 신앙을 잃어버렸어요. 어쩌면 좋죠?

새벽 기도 때 신랑의 기도하던 모습에 반해서 결혼을 결정한 수현 씨. 결혼 후 아이와 함께 예배드리러 가기가 힘들어지자 남편은 인터넷으로 예배를 드린다고 했고, 유아실에서 예배드리면 정신없고 짜증난다며 교회를 가지 않기 시작했다. 한 달, 두 달, 시간이 지나자 남편은 인터넷으로 예배드리는 것도 끊고 그 시간에 TV를 보기 시작했다. 수현 씨는 그런 남편이 기가 막히면서도 믿음을 잃어버린 모습에 안타까움을 느꼈다. 처음 타협하기 시작한 것이 신앙을 잃어버린 위기가 된 것이다. 영적으로 퇴보된 남편을 보며 아내는 정서적으로도 남편과 멀어졌다. 결혼 후 영적으로도 멀어지고 정서적으로도 멀어진 남편과의 관계를 힘들어하던 수현 씨는 남편의 신앙이 다시금 회복되도록 기도하기 시작했다.

부부가 서로 더 친밀해지기 위해서는 절대로 놓치지 말아야 할 것이 있다. 두 사람이 하나님과 더 가까워지는 것이다. 하나님과의 관계가 멀어지면 부부의 관계도 멀어질 수밖에 없다. 돕는 배필은 배우자가 하나님의 말씀에 순종하고 하나님을 예배하며 살도록 도와야 한다. 자신과 배우자의 신앙이 계속적으로 성장하도록 노력해야 한다. 예배를 함께 드리기 어려우면 공동체의 도움을 받아서라도 부부의 신앙이 성장하도록 노력하자. 수현 씨는 남편의 신앙이 다시금 회복되도록 노력하기로 했다. 힘들어도 남편이 교회에 나가도록 비난이 아닌 요청으로 말하며, 남편을 위해 계속 기도하기로 했다.

결혼 후 부부의 신앙이 더욱 성장할 수 있도록 서로 도우라. 정기적인 예배와 부부 소그룹에 속해서 함께 공동체 생활을 하며, 일주일이나 한 달에 한 번씩은 가정 예배로 나누라.

3.

청지기
마음으로
자녀를 훈육하라

자녀는 하나님이 주신 선물이다.
자녀를 키우기 위해서는 재정적으로나 정신적으로 힘들고 부담스러울 수도
있겠지만, 자녀를 주신 하나님의 뜻을 감사함으로 받으면 좋겠다.

출산에 대한 아내들의 부담감

나는 자매들이 결혼에 대해 갖는 부담감을 이해한다. 자매들에게는 결혼과 동시에 뭔가 더 헌신해야 한다는 부담감이 있다. 가정을 꾸리는 일과 자녀 출산과 양육에 대한 부담이 그것이다. 그러다 보니 그 부담이 크게 느껴져서 아예 연애를 하지 않거나, 연애만 하고 결혼하지 않으려는 자매들이 있다.

이런 부담감을 형제들이 이해해 줄 필요가 있다. 무엇보다 경력단절과 자녀 출산의 부담은 공감해 주어야 한다. 이런 부담에 대해 남성의 도움과 사회의 복지가 더 개선되어야 한다. 가사 분담과 자녀 양육에 적극 참여해 주라. 아내에게 가정을 위한 희생을 강요하지 말라. 서로 논의하고, 아내가 선택하도록 존중해 주라. 맞벌이를 할지 안 할지에 대해서도 아내의 의사를 존중해 주고, 필요시에는 조율이 가능하도록 허용해 주는 태도를 보이라.

최근에 육아 휴직을 사용하는 남자들의 모습을 종종 보게 된다. 한 남편이 아내를 위해 1년간 육아 휴직을 내고 아이를 양육하게 되었다는 말을 들으며 그 용기에 박수를 쳐 주었다. 처음에는 직장에 돌아가지 못할까 봐 불안했는데, 아내에게는 일할 기회가 왔고, 자신은 일을 좀 쉬면서 아이를 돌보고 싶어 부부가 용기를 내어 결정했다고 한다. 6개월이 지났지만 너무 감사하고, 육아 휴직하길 잘했다는 남편의 말에 그 용기를 칭찬해 주었다. 이 남편은 1년간 육아 휴직을 사용한 뒤 다시 복직해서 일하게 되었다. 남편이 이 정도로 아내를 배려해 준다면 아내들도 출산과 육아에 대한 부담감을 내려놓을 수 있을 것이다.

중요한 것은 한쪽의 일방적인 결정이 아닌, 두 사람이 함께 논의해서 내리는 결정이다. 여자니까 당연히 해야 한다는 식의 일방적인 방식이 아니면 좋겠다. 더 나아가 우리 사회가 여성들이 자녀를 양육하는 데 좀 더 실제적인 복지 정책을 내놓고 시행해 주면 좋겠다. 직장인들의 정서 케어를 위해 상담해 주는 일을 한 적이 있었는데, 워킹맘들의 고뇌를 현장에서 많이 보았다. 임신을 하면 축하한다는 말 대신, 이제 일할 만하니까 임신 때문에 일이 어렵게 되었다는 말들과 출산 전에 퇴사하라는 말들이 가장 힘든 말이라고 했다. 아이가 아파서 병원에 데려가야 하는데 조퇴가 되지 않아 우는 모습을 보며, 우리 사회가 아직 워킹맘들을 위한 배려에 있어서는 미성숙함을 보았다. 결국 아이를 돌볼 사람이 없어 퇴사를 할 수밖에 없을 때는 여성들을 격려하며 응원해 주었다.

경력이 단절되는 것보다 아이가 필요로 할 때 갈 수 있는 용기가 진짜 용기라며, 응원하고 축복해 주었다.

아내들의 고뇌와 부담감을 공감해 주고, 사회에서 겪게 되는 어려운 현실에 직접적인 도움을 주기를 바란다. 그래야 아내들이 좀 더 용기 내어 출산과 육아를 감당할 수 있다.

임신 준비 - 태교

결혼을 하고 나서 아이 낳기를 원하는 부부들은 태교를 준비한다. 임신을 준비한다. 이때 대부분의 부부들은 태교를 엄마가 하는 것으로 생각하고 엄마의 건강을 먼저 생각한다. 하지만 태아의 건강은 엄마보다 아빠의 영향을 더 많이 받는다. 임신하기 3개월 전 아빠의 신체 건강이 태아의 건강과 밀접한 관계를 맺고 있다. 임신을 원한다면, 남편들은 임신 전에 금연, 금주를 할 필요가 있다. 아이의 세포, 혈관, 근육 하나하나가 아빠의 건강 상태와 밀접하게 관계되어 있다고 한다면 아빠들도 책임감을 가지고 최선을 다해 임신을 위해 준비할 것이다.

엄마도 중요한 준비를 해야 한다. 스트레스를 잘 관리하고, 10개월 동안 아이가 엄마 몸에서 잘 자랄 수 있도록 자신의 몸을 건강하게 준비해야 한다. 어찌 보면 임신 전부터가 태교의 시작이다. 아이를 맞이하기 위해 건강을 신경 쓰는 것도 중요하지만, 무엇보다 아이를 위해 기도하는 시간을 가지면 좋겠다.

우리 부부도 선교지에서 임신을 준비하면서 먹는 것에 주의하고, 좋은 생각과 좋은 마음으로 지냈다. 하나님이 태의 문을 열어 주시길 간절히 기도했다. 그러면서 생명의 주권이 하나님에게 달려 있음을 인정했다. 임신은 하고 싶다고 해서 되는 것이 아니다. 하나님의 주권을 인정하고 임신을 위해 기도하며 준비해야 한다.

기도해도 임신이 안 되는 지인 부부들이 있다. 임신이 안 되는 것은 기도가 부족해서도 아니고, 문제가 있어서도 아니다. 불임에 대해서는 어느 누구도 해석할 수 없다. 하나님의 주권임을 인정하게 되는 상황이다. 절대 자책하지 말라. 그다음의 삶을 선택하면 된다. 부부 둘이 살아갈지, 입양을 할지에 대해 부부가 논의하고 결정하면 된다.

내 지인 중에는 임신이 안 돼서 10년간 기다렸다가 임신한 부부도 있고, 입양한 후 임신이 되어서 두 자녀를 잘 키우는 부부도 있다. 그리고 어느 부부는 둘이서 남은 여정을 살아가기로 결정하기도 했다. 선택은 부부가 하는 것이다. 어떤 결정도 괜찮으니 마음 편하게 선택하길 바란다.

임신이 되면 태교가 더 중요해진다. 생명이 자라는 과정이기에 생명을 소중히 여겨 주어야 한다. 입덧을 할 때 남편은 아내의 힘든 기간을 잘 돌봐 주어야 한다. 10개월은 태아만 자라는 시기가 아니라 부모도 부모 됨을 준비하는 시기다. 태아와 소통하며 지낼 수 있는 태교의 시간이다. 우리 부부는 임신 사실을 듣고 그날부터 어린이 성경책을 매일 한 챕터씩 읽어 준 다음 기도해 주었다. 태교 때 했던 이 습관이 출산한 이후에도 계속 아이에게 그림 성경을 읽어 준 다음 기도해 주는 삶으로 이어졌다. 태교하는 시기는 가정의 영적인 예배가 자리 잡히는 시간이 될 수 있기에, 매일은 아니어도 같이 기도하는 시간을 가지면 좋다. 그림 성경을 읽고 기도하는 시간은 합쳐 봐야 10분도 채 안 되는 시간이었다. 아이들이 어릴 때 가정 예배도 동일하게 10분 이내로 끝냈다. 짧지만 가족이 말씀과 기도로 하나 되는 시간이었기에 소중하게 보냈다.

이 외에는 남편과 좋은 시간을 보내거나 내가 하고 싶은 일을 하면서 보냈다. 엄마가 스트레스 받지 않고 일상만 잘 살아가도 좋은 태교가 된다. 일상에서 편안함을 누리라.

아이를 맞는 출산의 기쁨

엄마로서 가장 잊지 못할 행복과 감동의 시간을 꼽으라면 출산할 때다. 생명의 잉태를 친히 경험할 수 있는 가장 큰 기쁨의 시간이다. 아이를 만나는 그 감격과 기쁨은 그 어떤 것과도 비교가 안 된다. 그저 태어나 준 것만으로도 감사하다.

우리 부부를 닮은 아이를 출산하는 기쁨을 무엇으로 표현할 수 있을까? 그저 신비롭고 경이로운 과정이다. 친정엄마가 기억나는 시간이기도 하다. 이렇게 나를 낳으셨구나 하는 생각과 함께 이 고통을 감당하고 나를 낳아 주심에 진짜 감사가 된다. 그리고 하나님이 이런 생명의 신비를 우리에게 경험하게 해 주심에 감사가 되었다.

첫째는 진통 22시간을 거쳐 출산했고, 둘째는 7시간 만에 출산했다. 놀라운 것은, 그 시간을 감당할 힘을 엄마에게 주신다는 것이다. 아이를 품에 안았을 때의 그 기쁨은 이루 말할 수 없다. 내 태중에서 열 달을 자라 온 것이 기적 같았다. 아이를 출산하면서 하나님이 우리를 창조하신 생명의 신비가 더 크게 와닿았다.

"주께서 내 내장을 지으시며 나의 모태에서 나를 만드셨나이다 내가 주께 감사하옴은 나를 지으심이 심히 기묘하심이라 주께서 하시는 일이 기이함을 내 영혼이 잘 아나이다 내가 은밀한 데서 지음을 받고 땅의 깊은 곳에서 기이하게 지음을 받은 때에 나의 형체가 주의 앞에 숨겨지지 못하였나이다 내 형질이 이루어지기 전에 주의 눈이 보셨으며 나를 위하여 정한 날이 하루도 되기 전에 주의 책에 다 기록이 되었나이다"(시 139:13-16).

주님이 자녀를 지으시고 만드심을 인정하게 되는 말씀이다. 주님이 지으시고 만드셨기에 주님이 우리 자녀의 주인이시다. 자녀를 인도해 주실 것이다.

출산 과정에서는 하나님을 찬양하게 된다. 하나님의 위대하심을 높이게 된다. 아이를 낳고 키우는 양육 과정을 통해서는 하나님의 사랑을 더 깊이 경험하게 된다. 무조건적인 사랑이 무엇인지 알게 되면서 자녀를 위해 죽을 수 있는 사랑까지 품게 해 주신다. 자녀는 부모를 그런 큰 사랑을 줄 수 있는 사람으로 성장시켜 준다. 자녀를 통해 하나님을 더 깊이 이해하고 경험하게 된다. 그러니 두려워하지 말고 출산 과정을 통해 하나님의 사랑과 인도하심을 깊이 누리길 바란다.

출산 이후의 우울감

그토록 기대하고 기다리던 사랑하는 자녀를 출산한 이후에 자녀로 인한 기쁨과 행복이 계속될 것만 같았는데, 1-2년간은 산후우울증으로 힘든 시간을 보낼 수도 있다. 3개월 정도는 수면 부족과 육아로 인한 피곤함으로 가장 어려운 시기를 보낸다. 처음 겪는 피곤함으로 영·혼·육이 다 지친다. 잠 한번 푹 자고 밥 한 끼 편하게 먹는 것이 간절한 소원이 되는 시기다. 이 시기에는 절대적인 배우자의 도움과 가족이나 돌봐 줄 분을 통한 지원이 필요하다. 아이를 낳아 기쁘고 감사하지만 삶의 질이 떨어질 수 있는 시기여서, 도움을 받을 수 있을 때 먹고 자는 것이 좋다.

큐티나 기도, 예배를 드리는 것은 거의 불가능하다. 못 해도 괜찮다. 생존해야 하는 아이를 돌보는 시기다 보니 엄마가 생존만 해도 괜찮다. 하지만 유익도 있다. 하나님이 졸지도, 주무시지도 않고 나를 지켜보신다는 그 사랑과 당신의 품에 안아 주신다는 그

넉넉함을 아이를 돌보면서 경험하게 된다. 어찌 보면 아이를 돌보는 이 시간은 하나님의 사랑을 온몸으로 느끼고 경험하는 시간이라 할 수 있다.

이때는 피곤하고 지치다 보니 우울감이 생길 수 있다. 쉴 시간이 없고, 하고 싶은 것도 거의 하지 못하다 보니 우울할 수 있다. 이런 우울감이 생길 때 자책하거나 엄마로서 부족하다고 생각하지 말라. 모든 엄마들이 이 시기를 지나갔다. 나만 지치고 피곤하고 우울한 것이 아니니까 절대 자책하지 말기를 바란다.

부부가 함께 보내는 시간도 거의 없고 정서적으로 친밀감을 누릴 수 있는 환경도 안 되다 보니, 배우자에게도 서운하고, 자주 짜증이 나기도 한다. 부부가 다 피곤하고 힘든 시기인 만큼, 이 시기에 서로 짧게라도 격려하고 위로해 주는 말이 필요하다. "애쓰고 있어", "잘하고 있어", "피곤하지? 내가 아이 보고 있을 테니 가서 좀 쉬어"라는 말들이 진짜 위로와 격려가 된다.

피곤하고 힘든 시기지만 이 모든 상황을 이길 수 있는 것은 아이가 자라는 모습을 볼 수 있기 때문이다. 눈을 맞추고, 옹알이를 하고, 웃고, 뒤집고, 하품하는 모습 하나하나를 볼 때 모든 피곤이 사라진다. 하루에도 우울과 기쁨, 짜증과 감사가 오가는 것을 몇십 번씩 경험하게 될 것이다. 이 과정은 가치 있는 양육 시기이며, 부모라면 모두가 다 감당하며 지나간다.

우울감은 혼자서도 잘 극복할 수 있는 감정이지만, 우울증으로 진단을 받았다면 반드시 병원 치료와 상담을 권한다. 우울증이 심해지면 아이를 돌보기가 어렵기에 치료를 받는 것이 좋다. 그러나 가벼운 우울감이라면 규칙적인 식사와 적당한 수면 및 가벼운 산책만으로도 잘 지나갈 수 있다. 여기에 가족의 보살핌이 추가된다면 더할 나위 없이 좋을 것이다. 우울감이 있는 상태 그대로 있지 말고, 삶의 질을 조금씩 높여 주라.

육아는 힘들지만 가치 있는 과정이다

아이를 낳고 키우는 과정이 너무 힘겹고 재정이 많이 든다는 이유로 미리부터 포기하는 사람들이 많다. 딩크족(double incomes no kids)이란 말이 생길 정도로 출산은 포기한 채 부부 둘이 잘 살려는 사람들이 늘고 있다. 젊은 그리스도인 부부들 중에도 딩크족이 있다. 일하면서 자녀를 양육하는 것이 쉽지 않다 보니 자녀를 포기하는 것이다.

육아가 힘들고 부담스러운 것은 사실이다. 그러나 그 힘듦과 부담을 능가할 만한 기쁨과 감동이 있다. 태중에 10개월 동안 아이를 품고 있는 기쁨이 참 크다. 태아의 심장 소리를 듣고 태아의 사진을 보는 것은 감동 그 자체라고 할 수 있다. 태동을 느낄 때 태아와 교감하는 그 감동은 무엇과 비교할 수 있을까? 물론 출산할 때의 고통도 있지만, 잉태하는 그 감격이 모든 고통을 잊게 한다. 태어난 후에는 육아로 인한 힘듦과 피곤함도 있지만, 아이가 반응해 주는 표정 하나하나로 모든 피로가 사라진다. 엄마 아빠를 부르며 눈을 마주치고 웃어 주는 모습, 조금씩 성장하는 모습에 부모의 기쁨과 감격도 계속 커져 간다.

미리 걱정하지 말라. 부모 됨은 부모가 될 때 갖게 된다. 자녀를 잉태하고 출산하고 나면 부모도 성장한다. 아이를 양육하면서 하나님 아버지의 마음도 더 깊이 알게 된다. 자녀를 양육하는 것은 부모로서 누릴 수 있는 가장 큰 특권이다. 자녀라는 귀한 선물을 주신 하나님을 이 땅에서 누려 보는 부부들이 되면 좋겠다.

> "하나님이 자기 형상 곧 하나님의 형상대로 사람을 창조하시되 남자와 여자를 창조하시고 하나님이 그들에게 복을 주시며 하나님이 그들에게 이르시되 생육하고 번성하여 땅에 충만하라, 땅을 정복하라, 바다의 물고기와 하늘의 새와 땅에 움직이는 모든 생물을 다스리라 하시니라"(창 1:27-28).

하나님은 부부에게 자녀를 낳아 생육하고 번성하고 땅에 충만하라고 말씀하셨다. 자녀는 하나님이 주신 선물이다. 자녀를 키우기 위해서는 재정적으로나 정신적으로 힘들고 부담스러울 수도 있겠지만, 자녀를 주신 하나님의 뜻을 감사함으로 받으면 좋겠다. 매스컴에서 말하는 것처럼, 자녀 양육비가 그렇게 많이 드는 것도 아니다. 그러니 너무 미리부터 부담을 갖지 말라. 우리의 필요를 아시는 하나님이 우리 자녀들의 필요 또한 채워 주심을 믿으라.

출산 이후의 삶에 적응하라

출산 전후로 가장 크게 달라지는 것은 아내의 외모다. 머리는 푸석해지고, 피곤함에 다크서클이 내려앉으며, 늘어난 체중은 아내의 외모를 많이 달라지게 만들 것이다. 남편들은 아내의 이런 모습을 기꺼이 받아 주어야 한다. 세상에서 가장 귀한 생명을 출산했으니 무조건적으로 이 모습을 수용하고, 그럼에도 예쁘다고 말해 주어야 한다. 나도 출산 후 체중이 20킬로그램이나 증가했다. 몸이 붓고 늘 피곤한 모습이었음에도 여전히 예쁘다는 남편의 말이 큰 위안이 되었다. 지금까지 그 살이 몸에 붙어 있는데도 남편은 예쁘다는 말로 나를 받아 준다.

남편이 아내의 변한 외모를 비난하거나 큰 바람을 가질 때 아내는 상처를 받을 수 있다. 있는 그대로를 수용하며, 그럼에도 아내가 여전히 예쁘고 사랑스러운 존재임을 말해 주라.

출산 이후에는 외모의 변화만이 아닌 경력이나 관계에도 변화가 온다. 아이를 키우는 엄마들 모임이 필요하고, 그 엄마들과의 교제를 통해 삶의 에너지를 얻게 될 것이다. 정보도 얻지만, 함께 그 시기를 겪는 동질감이야말로 가장 큰 힘이 된다. 그런 모임과 커뮤니티를 찾아다니게 되면서 새로운 관계가 형성된다. 대부분의 아내들은 조리원 동기들과 지속적인 모임을 만들어서 만나는데, 이후에는 남편들도 그 모임에 합류해 가족 단위의 만남을 갖기도 한다. 교회 공동체에 이 시기를 함께 보내는 부부들이 있다면 그 또한 좋은 모임이 된다. 교회는 이 시기의 부부들을 위한 모임과 구역을 편성해서 가장 힘든 시기를 서로 격려하며 잘 지내도록 도와주면 좋을 것이다.

우리 부부는 신혼부부부터 결혼한 지 6년 미만 된 부부들을 소그룹 모임을 통해 교회에 잘 정착하도록 돕는 사역을 하고 있다. 리더 부부들을 세워서 그들이 다른 부부들과 소그룹 모임을 할 수 있도록 세팅해 주었는데, 신혼부부들이 많이 등록해서 3부 예배가 생기고 잘 정착하게 되었다.

많은 교회들이 이 시기의 부부들을 많이 놓치는데, 조금만 더 신경 써서 자체 모임을 할 수 있도록 가이드를 해 주면 신혼부부들이 교회에 잘 정착할 수 있게 될 것이다. 교회 공동체 안에서 어린 자녀를 양육하는 부부들이 부부 모임을 통해 격려를 받고 힘을 얻는다. 다양한 특강을 통해 부부 관계와 자녀 양육에 도움을 줄 수 있다면 더 좋을 것이다.

Q 우리 아이는 아직 어린데, 남편은 일찍부터 영어를 배워야 한다며 무리하게 영어 유치원을 보내고 있어요. 이후에는 유학을 보낼 거래요. 이런 남편이 이해되지 않는데 어떡하죠?

민정 씨는 자녀 양육에서 사교육으로 인한 갈등으로 힘들어했다. 아이가 원치 않는데도 무리하게 학원을 보내면서까지 영어 교육에 매진하는 남편이 이해되지 않았다. 아직 유치원생인데 왜 그렇게 아이의 영어 교육에 목을 매는지 알 수가 없었다.

남편은 진급에서 영어 때문에 항상 탈락을 해 왔다. 그러다 보니 자기 인생의 발목을 잡는 것이 영어라고 생각되어, 자녀만큼은 영어로 실패하지 않도록 어린아이에게 영어를 강요하게 되었다.

자신의 못다 이룬 꿈을 자녀가 대신해 주기를 바라는 부모들이 종종 있다. 자녀는 원하지도 않는데 부모들이 강요해서 교육을 한다. 자녀는 하나님이 부모에게 맡겨 주신 하나님의 소유 된 존재다. 부모의 마음대로 양육하기보다는, 하나님이 주신 자녀를 존중하며 맡기신 사명을 잘 감당해야 한다. 부모가 가진 힘과 권위로 자녀를 통제하거나 조종하는 것은 하나님이 부모에게 주신 사명을 망각하는 것이다.

자녀를 자신의 소유로 삼지 말라. 함부로 해도 되는 존재로 대하지 말라. 하나님에게 묻고 자녀의 의견을 존중하면서 자녀를 건강하게 양육하라. 사교육 이전에 자녀가 하나님을 믿고 바른 신앙 안에 자라는 것을 우선순위에 두라. 신앙 안에서 자신의 꿈을 이루며 살아가도록 청지기의 마음으로 자녀를 양육하라. 쉽지는 않다. 그래도 우리는 청지기 정신으로 자녀를 양육해 가야 한다.

4.

올바른 가치관이
올바른 가정관이
된다

♥

부부들에게 말하고 싶은 중요한 내용이 있다.
부부가 자녀보다 더 우선시 되어야 한다는 것이다.
엄마 아빠가 자신보다 부부 관계를 더 중요시하고 사랑하는 것을 보고 자라야
자녀도 부모를 잘 떠나 독립하게 된다.

아이보다 부부 관계가 우선이다

부부들이 아이를 출산하고 양육하다 보면 부부 관계보다 자녀에게 더 집중하면서 자녀를 우선시하기가 너무 쉽다. 영유아 시기는 생존과 연관되어 있는 돌봄이 필요한 시기이므로 아이에게 집중하는 것이 당연하다. 하지만 그렇기에 배우자를 더 소홀히 하면 안 되는 시기이기도 하다. 배우자를 소홀히 여기고 중요하지 않게 생각하다 보면 부부 관계가 소원해질 수 있기 때문이다. 적어도 하루에 10분 정도는 서로 대화하는 시간을 가져야 하며, 고마운 마음을 서로 전할 수 있어야 한다.

이 시기에 아이에게 집중하다 보면 이후에도 배우자보다는 아이가 우선순위가 될 수 있다. 이런 삶의 습관은 아이 위주의 부부생활을 하게 한다.

부부들에게 말하고 싶은 중요한 내용이 있다. 부부가 자녀보다 더 우선시 되어야 한다는 것이다. 엄마 아빠가 자신보다 부부 관계를 더 중요시하고 사랑하는 것을 보고 자라야 자녀도 부모를 잘 떠나 독립하게 된다. 아이가 말을 알아듣거나 인식이 될 때는 이 사실을 말로도 전해 주는 것이 좋다. 엄마 아빠가 서로 사랑하고 아끼다는 것을 알고 자라야 아이들의 내면이 건강하다.

잠을 잘 때는 부부 사이에 아이를 재우지 않는 것이 좋다. 부부가 함께 있고, 아이는 부부 옆에서 재워야 한다. 부부 사이에 아이를 재우기 시작하면 아이가 혼자 잘 때까지 아이는 계속해서 부부 사이에 있을 것이다. 부부 사이에 어느 누구도 있지 않게 하라. 반려동물도 마찬가지다. 부부가 하나 되어 서로를 더 아끼고 우선순위로 두는 것이 하나님이 원하시는 것이다.

배우자에게서 채워지지 않는 영역을 자녀에게 원하거나 채움 받으려 하지 말라. 그리고 자녀와 하나 되려 하지 말라. 하나 되어야 하는 것은 부부다. 아이보다 부부 관계에 우선순위를 두고 살아가라.

자녀 양육은 부부가 함께

자녀 양육은 부부가 함께하는 중요한 과정이다. 예전에는 어머니들이 자녀 양육의 모든 것을 전담하고 아버지들이 경제 활동에 전념했었다. 하지만 이제는 부모가 함께 자녀를 양육하는 것이 자연스러운 시대가 되었다.

하나님은 아버지들이 자녀 양육에 힘써야 함을 말씀을 통해 권면해 주신다.

"아비들아 너희 자녀를 노엽게 하지 말지니 낙심할까 함이라"(골 3:21).

"또 아비들아 너희 자녀를 노엽게 하지 말고 오직 주의 교훈과 훈계로 양육하라"(엡 6:4).

하나님은 아버지들에게 두 번이나 반복해서 자녀를 노엽게 하지 말라고 말씀하신다. 반복은 중요하기 때문에 강조해서 말씀하시는 것이다.

상담을 하다 보면 아버지와 좋은 관계를 맺고 자란 사람들이 많지 않음을 보게 된다. 대부분의 아버지들은 엄하고 무서우며 소통이 어려운 분이다. 평소에는 소통도 없다가 혼낼 때는 아주 무섭고 엄하게 혼내는 아버지들이 많다. 그러다 보니 대부분의 자녀들은 아버지와 좋은 관계를 맺기는커녕 아버지에 대한 분노를 갖고 있다.

하나님은 아버지들에게 자녀를 노엽게 하지 말라고 말씀하셨다. 가부장적인 모습으로 자녀들을 엄하게 키우기보다는, 하나님 아버지의 사랑과 은혜를 경험할 수 있는 육체적 아버지가 되어 주어야 한다. 아버지의 모습으로 인해 하나님 아버지를 제대로 인식하고 경험하게 하라. 무엇보다 주님의 말씀으로 자녀를 양육하라. 자녀들은 부모의 말이 아니라 부모의 뒷모습을 보고 자란다. 자녀가 하나님의 말씀대로 자라기를 원한다면, 말씀 암송과 큐티를 잘하는 아이로 키우기보다, 말씀대로 살아가는 부모의 모습을 보여 주라.

부모 됨이 그리 쉽지만은 않은 과정이다. 자녀를 양육하면서 부모의 뜻대로 자라는 자녀가 되는 것이 얼마나 어려운지를 경험하게 될 것이다. 그래서 부모인 우리는 더욱더 주님의 도우심을 구하며 말씀을 붙잡게 된다.

부부는 서로의 관계를 통해서 하나님 앞에 나아가며 하나님을 향한 믿음이 성장하는데, 자녀를 키우다 보면 부부가 더 하나님을 의지하면서 믿음이 성장하게 된다. 하나님은 자녀를 통해 우리를 더 성장하게 하시며, 주님을 더 알아 가고 닮아 갈 기회를 주시기 때문이다.

자녀를 양육하는 것은 귀하고 가치 있는 축복의 삶이라고 말하고 싶다. 어설픈 부모로 시작했지만, 시간이 지날수록 부모의 삶을 통해 하나님을 더 사랑하고 하나님을 더 닮아 가는 우리 부부의 모습을 보게 되었다.

무조건적으로 사랑하는 마음, 자녀를 무수히 용서하고 인내하게 하심, 자녀의 가치가 존재에 있음을 알게 하신 은혜 등, 이 많은 것들은 자녀를 양육하면서 배운 것들이다. 자녀를 양육하는 데 부모의 헌신과 희생만 있는 것은 아니다. 자녀를 통해 얻게 하신 기쁨과 행복은 세상의 그 어떤 것과도 바꿀 수 없다.

자녀는 하나님이 주신 아주 가치 있고 귀한 선물이기에, 선물을 주신 하나님에게 감사하며 자녀를 주님의 마음으로 양육하길 바란다. 그리고 기억할 것은, 자녀는 부부의 소유가 아니라는 것이다. 자녀는 주님의 것이다. 주님이 우리 자녀의 주인이고, 인도자이며, 목자이시다. 우리보다 자녀들을 더 잘 인도해 주실 것이다. 우리 자녀들의 갈 길을 아시는 주님이 가장 최선으로 인도해 주실 것이다. 주님의 그 주권을 인정해 드리라. 그리고 자녀들을 위해 기도하는 부모가 되라.

세상의 문화와 교육에 자녀의 미래를 맡기지 말고, 하나님의 인도하심에 맡겨 드리라. 하나님이 인도해 주심에 불안해하거나 두려워하지 말라. 하나님을 믿는다는 것은 앞으로의 삶과 자녀들의 미래를 인도하실 하나님을 신뢰함으로 맡겨 드리는 것이다.

나도 지금까지 자녀를 양육하면서 주님의 전적인 도우심 없이는 자녀를 양육할 수 없음을 매순간 고백하게 하셨다. 그리고 하나님은 나의 생각 이상으로 자녀를 가장 안전하고 좋은 길로 인도해 주셨다. 무엇보다 살아 계신 하나님을 자녀를 양육하면서 더 깊이 경험하게 하셨다. 이런 귀한 경험을 할 수 있는 부모 됨의 삶을 기대하라.

자녀가 바라는 부모

"어린 시절 당신의 부모님께 바랐던 것이 있었다면 무엇입니까?"

이 질문에 대부분의 사람들이 부모님과 함께 시간을 보내면서 따뜻한 사랑을 경험하는 것이라고 답했다. 상담을 하다 보면 생각보다 많은 사람들이 어린 시절 부모님과 보낸 시간도 거의 없을뿐더러, 부모님의 사랑보다는 혼나거나 불안했던 경험들이 많았음을 듣게 된다. 어떤 형제는 부모님과 밥을 같이 먹는 것이 소원이었고, 부모님에게 사랑한다는 말을 듣는 게 소원인 사람도 있었다.

반면 부모는 자녀들에게 무언가를 많이 해 주어야만 한다는 부담이 있다. 교육도 더 많이 시켜 주어야 하고, 더 많이 배워서 더 많은 경험을 하게 해 주어야 하는데, 그러지 못한 현실과 자신들의 부족함에 좌절하거나 죄책감을 갖고 살아간다. 자녀들이 바라는 부모는 단순하다. 사랑한다고 말하고, 같이 밥을 먹어 주며, 함께 시간을 보내는 것이다.

나도 나를 있는 그대로 바라봐 주고, 싸움 없이 편하게 지내고, 언제든지 달려갈 수 있는 건 부모님이었다. 우리도 언제든 편하게 달려가 편하게 함께 있을 수 있는 부모, 긴장하지 않아도 되는 부모, 아이들이 그냥 와서 "엄마, 아빠"라고 부르며 자신의 이야기를 편하게 할 수 있는, 그런 부모가 되기를 바란다.

자녀들이 어떤 모습으로 와도 받아 주는 부모, 따뜻한 눈빛으로 바라봐 주는 부모, 사랑한다고 말해 주는 부모, 같이 밥을 먹어 주는 부모라면 이것만으로도 아주 좋은 부모라 할 수 있다. 이런 부모가 되어 주라. 우리가 부모님에게 바랐던 모습으로 부모의 삶을 살아가라. 부모인 우리 자신에게도 "이 정도면 됐어"라고 말해 주고, 자녀들에게도 "이 정도면 됐어"라고 말해 줄 수 있는, 존재를 받아 주고 존재를 안아 주는 부모로 살아가라.

부모 됨의 사명 - 다음 세대를 세우라

부모로서 자녀를 양육하는 데는 사명이 필요하다. 자녀들이 잘 먹고 잘 사는 것을 보는 것이 사명인가? 자녀를 키우다 보면 너무 쉽게 자녀들이 잘 먹고 잘 사는 것을 목적으로 삼게 된다. 실제로 많은 사람들이 그렇게 살고 있고, 그렇게 자녀들을 양육하고 있다. 그러나 우리 그리스도인의 부모 됨의 사명은 좀 달라야 한다. 하나님이 우리 부모들에게 주신 사명은 다음 세대를 세우는 것이다. 다음 세대를 세우는 것의 의미가 무엇일까? 교회를 다니며 주일 성수하는 그리스도인으로 살아가는 것일까? 부모가 다니는 교회에 자녀도 출석하게 하는 것일까? 사사기 말씀을 통해 다음 세대를 세우는 것의 의미를 배우고자 한다.

"백성이 여호수아가 사는 날 동안과 여호수아 뒤에 생존한 장로
들 곧 여호와께서 이스라엘을 위하여 행하신 모든 큰일을 본 자들
이 사는 날 동안에 여호와를 섬겼더라 여호와의 종 눈의 아들 여
호수아가 백십 세에 죽으매 무리가 그의 기업의 경내 에브라임 산
지 가아스 산 북쪽 딤낫 헤레스에 장사하였고 그 세대의 사람도

다 그 조상들에게로 돌아갔고 그 후에 일어난 다른 세대는 여호와
를 알지 못하며 여호와께서 이스라엘을 위하여 행하신 일도 알지
못하였더라 이스라엘 자손이 여호와의 목전에 악을 행하여 바알
들을 섬기며 애굽 땅에서 그들을 인도하여 내신 그들의 조상들의
하나님 여호와를 버리고 다른 신들 곧 그들의 주위에 있는 백성
의 신들을 따라 그들에게 절하여 여호와를 진노하시게 하였으되"
(삿 2:7-12).

여호수아와 여호수아 뒤에 생존했던 장로들, 곧 하나님이 이스
라엘을 위해서 행하신 모든 큰일을 본 자들은 자신들이 살아 있는
동안에 하나님을 섬겼다. 그런데 이들이 다 죽고 난 후 이들의 자
손은 여호와를 알지도 못했고, 이스라엘을 위해 행하신 하나님의
일도 알지 못했다. 왜 그랬을까? 무엇이 문제였을까?

여호수아와 장로들은 가나안 땅에 들어가서 자신의 후손들에
게 하나님이 행하신 일과 하나님이 어떠한 분이신지를 전하지 않
았다. 자신들만 하나님을 믿었을 뿐이다. 자녀들은 가나안 문화에
적응한 후 그 땅에서 잘 살아가기를 바라지 않았을까 추측해 본
다. 그래서 자손들은 하나님을 알지 못하는 다른 세대로 서게 되
었다. 악을 행하고 우상을 섬기고 하나님을 버린 다른 세대로 살
아가게 되었다.

하나님이 이들을 가나안으로 인도하신 데에는 분명한 목적이
있으셨다. 자손 대대로 하나님을 경외하며, 그분을 섬기고 사랑하

는 이들이 되기를 바라셨을 것이다. 이들은 하나님의 목적을 이루지 못했다.

이 시대도 마찬가지다. 자녀들이 하나님을 알고 그분을 경외하기보다, 성공하고 편하게 살기 위한 취업에 초점이 맞춰 있는 경우가 많다. 그러다 보니 자녀들에게 하나님이 어떠한 분이신지, 하나님이 어떠한 일을 하셨는지를 나누기보다 "공부해", "성공해"라는 말로 하나님을 알 기회조차 주지 않는다. 교회에 다니는 것만으로 만족해할 수도 있다. 때로는 성공에 방해가 된다면 교회에 가지 말라고 한다. 이렇게 자녀를 키우다 보면 우리 자녀들도 하나님을 알지 못하는 다른 세대로 세워질 가능성이 높다. 사사기에 나오는 자녀들의 모습과 다를 바 없이, 우리의 자녀들도 하나님이 아닌 다른 우상을 섬기며 살아갈 가능성이 크다.

그렇다면 다음 세대로 세우기 위해 부모는 어떻게 해야 할까? 하나님이 어떤 분이고 어떤 일을 행하시는지를 일상을 통해 알려 주어야 한다. 부모가 일상의 삶에서 자녀와 이런 대화를 나누며 하나님이 역사하시는 삶을 살아가는 것을 보여 주어야 한다. 예를 들면, 마음이 너무 아프고 힘든 일이 있을 때, "오늘 엄마가 마음 아프고 힘든 일이 있었는데 하나님이 '내가 너와 함께한다'라는 말씀으로 엄마를 위로해 주셨어. 하나님에게 기도했는데 마음이 편해졌어. 하나님은 엄마를 잘 아시며, 엄마 옆에서 늘 도와주시는 분이야" 하고 말하는 것이다. 또, "엄마가 선교사님들 도우러 해외를 가는데 재정이 좀 모자라서 재정을 채워 주시고 잘 다녀

올 수 있게 해 달라고 기도했더니, 아는 분이 기도하면서 우리 가정을 위해 후원해 주겠다며 재정을 보내셨어. 그 액수가 선교비에 필요한 재정이었어. 너무 놀랍지 않니? 하나님은 우리의 필요를 알고 그 필요를 채워 주시는 분이야"라고 나누어 보는 것이다. 삶의 현장에서 하나님이 어떤 분이신지, 어떻게 행하시는지를 구체적인 간증을 통해 나누라는 것이다. 삶 속에서 역사하시는 하나님, 말씀 속에 현존하시는 하나님임을 듣고 경험한 자녀들이 이 하나님을 떠날 수 있을까? 다른 우상을 섬길 수 있을까? 절대 그럴 수 없을 것이다.

자녀들의 신앙 교육을 교회에만 의존하지 말라. 가정에서 배우는 신앙 교육이 더 많다. 가정에서, 삶에서 역사하시는 하나님에 대해 이야기하라. 그 하나님을 자랑하라. 그 하나님을 전하라. 이 하나님을 경험한 우리 자녀들은 다른 세대가 아닌 다음 세대로 자랄 수 있다. 악을 행하지 않고, 하나님의 선을 따라 살아갈 것이다. 부지런히 가르치고 전하라. 아이들이 부모의 말을 듣고, 그 하나님을 믿고 따르는 다음 세대로 세워지길 기도하라.

아이 앞에서 부부싸움하지 말라

부부들이 갈등을 잘 해결하지 못해서 싸우다가 절제를 하지 못하게 되면 자녀가 있는 것도 잊어버리고 싸울 때가 있다. 자녀들이 어려서 모를 것이라고 생각하지만 완전한 착각이다. 자녀들은 부모의 싸움 장면을 기억한다. 그 분위기를 잊지 못한다.

상담을 하다 보면 내담자들의 부모에게 받은 상처 중 하나가 부모님의 싸움을 직접 보고 그 가운데서 직접적, 간접적으로 영향을 받은 것이다. 자녀들이 부모의 싸움을 지켜볼 때 느끼는 감정은 전쟁이 일어났을 때의 두려움과 거의 비슷하다. 그리고 그 싸움이 부모들의 이슈로 싸운다고 생각하기보다 자신의 잘못이라고 생각한다는 것이 참 마음 아프다. 나도 어릴 때 부모님의 싸움을 많이 지켜보았는데 그 장면이 아직도 기억이 난다. 싸우실 때마다 내가 어떻게 해야 할까, 내가 잘하면 안 싸우실 텐데 하면서 자책했던 기억이 있다.

자녀들 앞에서는 부부싸움을 하지 말라. 싸우고 싶을 땐 자녀의 마음을 먼저 생각하라. 자녀는 이런 상황으로부터 보호를 받아야 한다. 아무리 화가 나고 그 자리에서 싸우고 싶어도 자녀를 생각한다면 참아라. 참았다가 자녀가 없을 때나 자녀가 없는 공간에서 다시 이야기하라.

특히 자녀들 앞에서의 폭언, 폭력은 안 된다. 부모가 폭력을 휘두르는 것을 보게 되면 그 상처는 성인이 되어서도 잊기 어려운 트라우마가 된다. 자녀의 존재를 무시하고 자녀에게 정서적 학대를 하는 것이다. 자녀를 향해 폭언이나 폭력을 휘두르는 것은 더더욱 안 되는 일이다. 자신이 이기지 못한 화를 자녀에게 쏟아 부어서는 안 된다. 이는 자녀의 삶에 큰 상처를 내는 일이다. 과거에 그런 경험이 있었던 부모들은 자녀에게 사과하고 그들 마음의 상처를 치유해 주라. 부모도 실수할 수 있다. 실수하고 잘못한 것에 대해 자녀에게 용서를 구할 수 있다면 진짜 부모로서 성장해 가는 과정이다.

나 또한 자녀들이 어렸을 때 근무력증 진단을 받고 그 현실이 너무 감당하기 힘들어 아이들에게 짜증을 부리며 화를 낸 적이 있었다. 아이들이 놀다가 거실 유리창을 깼는데, 너무 화가 나서 아이들을 때리고 벌을 세웠었다. 몇 년 뒤 둘째가 그때의 일을 이야기하며 자신은 너무 억울했다고 말할 때, 나는 진심으로 사과했다. 나는 기억을 못 하고 있는데 아이는 그 시간이, 그 사건이 마음에 상처로 남아 있었던 것이다. 놀다가 깬 것이고 그렇게 화낼 일도 아니었는데, 나는 내 화를 아이에게 쏟아 부었던 것이다. 그렇게 말해 준 아이에게 고마웠고, 진심으로 사과할 수 있었던 내가 괜찮았다. 그 후로도 몇 번 아이들에게 용서를 구한 일이 있었지만, 더 이상은 내 감정을 아이들에게 쏟아 붓지 않게 되었다.

자녀들에게 사과할 일이 있다면 즉시 말하라. 할 수 있을 때 하는 것이 진짜 성숙한 부모다. 그리고 어린 시절 부모님께 상처받은 것이 있다면, 기회가 될 때 나누는 것이 관계에 도움이 된다. 나는 40세에 아버지를 찾아가 부모님이 싸우셨을 때 무섭고 두려웠다는 말씀을 드린 적이 있다. 아버지는 놀라시며 "뭐가 무서웠냐?"라고 물으셨고, 나는 어린아이 때 느꼈던 감정에 대해 솔직하게 말씀드렸다. 비난이 아닌 감정에 대해서 아버지는 "미안하다"

라고 사과하셨고, 그 말이 내 마음의 상처를 씻어 주었다. 그러고 나니 아버지가 용서가 되었다. 그 후로는 아버지와 좀 더 편하게 대화할 수 있게 되었다.

나는 강연 때 청년들이나 부부들에게 내 사례를 말해 주면서, 그래도 용기 내어 부모님과 대화할 수 있을 때 이야기하라고 권한다. 부모님을 비난하는 것이 아닌, 어린 시절 우리의 상처로 인한 감정을 전하는 것이다. 회복의 경험을 갖기 위해서 말이다.

학대가 중독으로 이어진다

우리는 하나님이 아닌 다른 무언가를 더 의존하고 탐닉하며 살 수 있는 존재다. 의존된 것이 마약이나 알코올, 도박이나 성처럼 물질이나 행위로 강하게 드러나는 중독적인 것이 아니어도, 우리 안에 은밀히 들어와 우리를 하나님 대신 더 의존하게 하는 것들에 주의를 기울일 필요가 있다. 알코올, 마약, 도박, 성 중독은 반드시 병원 치료와 상담을 통해 치유 받아야 한다.

내성, 금단 현상, 조절 능력 상실일 때 중독이라고 말한다. 중독은 무언가 잘못 사용하고 오용된 그것을 지속적으로 의존하게 되는 것이다. 중독자 가정을 연구해 보니 학대라는 토양에서 자녀들이 자랐음을 보게 되었다. 정서적 학대, 육체적 학대, 성적 학대, 종교적 학대를 받고 자랄 때 감정의 뿌리가 슬픔, 외로움, 분노, 두려움으로 바뀌면서 물질이나 행위를 지속적으로 의존하다가 중독으로 가는 것이다. 그리스도인 가정도 학대를 할 수 있기에 쉽게 이해할 수 있도록 나누어 본다.

정서적 학대

정서적 학대에는 여러 유형이 있는데, 하나는 어린아이들을 방치해 정서적인 돌봄을 하지 않는 것이다. 자녀를 낳기만 하고 부모가 친밀한 사랑을 주지 않고 방치한 채 다른 누군가에게 자녀의 양육을 맡기는 것이다. 이 경우 자녀는 부모로부터 따뜻함을 느끼지 못하고 방치된 채 자란다. 다른 하나는 너무 숨 막히게 자녀를 양육하는 것이다. 자녀의 자유를 조금도 허용하지 않고 부모가 자녀를 통제, 조종하는 것도 정서적 학대다. 또 하나의 경우가 더 있다. 사역을 열심히 하는 부모가 하나님이 어린 자녀를 책임져 주실 것이라고 생각해 긴 시간 아이들을 방치하는 것인데 이것도 정서적 학대다. 주님은 부모에게 어린 자녀를 양육하라고 하셨다. 어린 자녀들은 부모의 돌봄이 반드시 필요하다.

육체적 학대

자녀를 때리며 폭력을 행사하는 것이다. 최근에 자녀를 심하게 폭력으로 대하는 부모들이 많아짐을 보면서 정말 안타까웠다. 자녀가 뭐 그렇게 맞을 짓을 했겠는가. 그리스도인들 중에도 말씀을 인용해서 자녀를 때리는 부모들을 종종 본다. 나는 그런 부모에게 질문한다. 자녀가 그렇게 맞을 짓을 했는지, 부모의 화를 다스리지 못해 자녀에게 폭력을 행하는 것은 아닌지를 말이다. 왜 맞는지도 모른 채 맞아야 하는 자녀들의 마음을 아는가?

자녀를 매로 다스려야 할 일이라면 먼저 아이와 채벌에 대한 약속이 되어 있어야 한다. 예를 들어, 다른 사람의 물건을 훔치거나 사람을 속인 잘못된 거짓말을 했을 때 매 세 대를 맞기로 했다면, 자녀도 이런 상황에 맞는다는 것을 인식하고 있어야 한다. 그리고 그런 상황이 되었을 때 약속한 것을 자녀와 확인하고 세 대의 매를 때려야 한다. 이럴 경우는 상처가 되지 않는다. 그런데 왜 맞는지 이유도 모른 채 맞는다면, 이것은 학대다.

약속한 대로 자녀가 잘못해서 채벌한 이후의 부모의 태도도 중요하다. 맞고 난 자녀의 감정을 잘 만져 주어야 한다. 자녀가 미워서 때린 것이 아니라, 잘못된 행동에 대한 가르침이라고 말해 주고 자녀를 안아 주어야 한다.

매로 자녀를 훈육할 수 있는 시기는 따로 있다. 말도 못 알아듣는 영아기나 사춘기 때는 통하지 않는다. 그러나 나는 매로 자녀를 때리는 것에 대해 부모들이 조금 더 신중하기를 바란다. 아이들은 부모의 말을 알아들을 수 있다. 부모가 정확하게 말하고 잘못에 대해 훈계하면 굳이 매를 들지 않아도 된다. 자녀들이 억울하게 맞지 않도록 부모가 주의할 필요가 있다.

성적 학대

자녀들이 어릴 때 지인을 통해 성추행이나 성폭행을 당하는 케이스가 많다. 성에 대한 교육은 어릴 때부터 시켜 주며, 누군가 자신의 몸을 함부로 만지려 할 때는 안 된다고 말하게 해 주고, 그런 상황이 되면 언제든 부모에게 와서 말해 주어야 한다고 알려 주라.

기가 막힌 것은, 자녀들이 지인들을 통해 성추행을 당했을 때 부모들이 아무에게도 말하지 말라고 하면서 자녀를 위해 어떤 행동도 취하지 않는 경우다. 이럴 때 자녀들은 자신이 잘못해서 이런 일을 당했다고 생각하며 자신을 수치스럽게 여긴다.

자녀가 성적인 추행을 당했을 때 분명히 말해 주라. "네 잘못이 아니야, 그 사람이 나쁜 거야"라고. 그리고 자녀가 이런 일을 당하고 왔을 때 적절하게 대응해 주라. 자녀를 위로해 주고, 다시는 그런 일이 일어나지 않도록 보호해 주라. 이렇게 말해 주고 행동하는 부모의 자녀들은 성추행을 당했어도 수치심이나 죄책감이 남지 않아 건강하게 자랄 수 있다.

내 자녀뿐 아니라 다른 자녀들에게도 남의 몸을 함부로 대할 수 없다는 것을 배우게 해야 한다. 혹시 그런 잘못을 했다면 피해를 준 사람에게 사과하게 하라. 평생 성으로 인해 상처받아 관계를 맺는 데 어려움을 겪는 피해자가 생기지 않게 해야 한다.

종교적 학대

그리스도인들이 자녀의 신앙 성장을 위해 행하는 행동 중에 자녀들을 학대하는 영역들이 있다. 예를 들어, 교회를 안 가면 때린 다거나, 암송이나 큐티를 하지 않으면 밥을 주지 않는 행동이 학 대다. 나의 한 지인은 자녀가 아침에 큐티를 하지 않으면 밥을 주 지 않았다. 그래서 내가 물었다. "하나님이 당신도 큐티 안 하면 굶게 하시나요?" 지독하게 암송을 시키는 후배에게도 물었다. "하 나님이 암송 안 하면 혼내시니? 너는 암송한 말씀대로 살고 있 니?"라고. 이런 자녀가 하나님을 어떻게 인식하겠는가. 잔인한 하 나님으로 인식하지 않겠는가. 가장 좋은 것은 자녀 스스로 하나님 을 사랑해서 큐티를 하고 필요시에 말씀을 암송하는 것이다. 하지 않을 때 벌을 주거나 엄격하게 통제하는 것은 아이의 신앙을 망치 는 경우가 될 수 있다.

큐티의 필요성을 전하고 싶다면 부모가 먼저 큐티하며 살아라. 암송한 말씀대로 살아라. 부모가 삶으로 살아가는 모습을 보면 언 젠가 자녀들도 부모와 똑같이 하게 될 것이다. 나는 개인적으로 말씀을 많이 알고 많이 암송하는 것보다 그 말씀대로 살아 내는 것이 더 중요하다고 생각한다.

또 하나의 학대는, 자녀가 교회를 가지 않았을 때 심하게 혼내 거나 폭력을 행하는 것이다. 한때 크리스천 기업에서 직원들을 상 담하는 일을 했는데, 다수의 직원들이 종교란에 기독교로 적었지 만 막상 만나 보면 예전에 교회를 다녔고 현재는 다니고 있지 않 음을 보았다. 그 이유에 대해서 물었더니, 부모님이 교회를 안 가 면 혼을 내거나 심한 경우 폭력적으로 다루어서, 청소년 시기까지는 참고 다녔지만 청년이 되어서는 교회를 안 다닌다고 했다. 부모의 학대가 자녀로 하여금 하나님을 떠나게 한 것이다.

교회를 안 가고 예배를 안 드리는 것이 맞을 짓은 아니다. 특히 사춘기 때는 자녀들이 신앙적 반항을 하는 것이 정상적이다. 모태 신앙을 가진 자녀들이 못된 신앙으로 가는 경우가 많은데, 대부분은 부모가 강제적으로 예배를 가게 하거나 때려서 교회를 가게 해서 그렇지 않을까 생각한다.

우리 둘째가 초등학교 6학년 때 예배를 몇 번 빠진 적이 있었다. 교회 간다고 나갔는데 나중에 교사에게 문자가 와서 몇 주 동안 예배에 참석하지 않은 것을 알게 되었다. 당황하고 화가 났지만, 일단 아이와 소통하는 것이 우선인 것 같아, 아이가 좋아하는 간식을 준비하고 같이 먹으면서 자연스럽게 물어봤다.

"교회 예배 가는 것이 힘드니? 선생님께 문자가 왔는데 네가 예배 시간에 몇 주 빠졌다고 하시네? 엄마에게 교회 가지 않은 이유에 대해 말해 주면 고맙겠어."

"사실 교회 예배 다른 것보다 찬양이 너무 힘들어. 율동하기 싫은데 율동하라고 해서. 그리고 수련회 갔을 때 분명히 저녁에 집에 보내 준다고 했는데 선생님이 가지 말라고 강압적으로 붙잡았을 때 너무 힘들었어."

아이의 말을 들으니 이해가 되었다. 어떻게 하면 좋을지 물었더니, 아이는 수련회는 다시는 안 가고, 예배는 찬양이 끝난 후 들어가는 것으로 자기의 의사를 표현했다. 부모로서 이 의견을 존중하고 받아들이는 것이 어려웠지만, 꼭 수련회를 가야 하는 것도 아니고 율동이 반드시 필요한 것도 아니어서 율동이 마쳐진 시간에 들어가도록 허락해 주었다. 몇 년간 신앙적인 방황을 했지만 우리 부부는 그 방황을 허락하고 기다려 주었다. 지금은 자원해서 교회를 다니고 있으며 악기를 통해 예배를 섬기고 있다.

예배를 안 드리고 교회에 가지 않았다면, 먼저 자녀에게 이유를 물어보라. 그리고 아이와 소통하며 조율하라. 이는 무작정 혼내거나 때릴 일이 아니다. 한 형제는 교회를 안 갈 때마다 아버지에게 벗은 채로 허리띠로 맞았다는데, 이야기를 듣는 내내 너무 마음이 아팠다. 그는 커서 절대로 하나님을 믿지 않겠다고 결심했단다.

하나님이 우리를 대하시는 모습으로 자녀를 대해 주라. 하나님이 우리를 학대하지 않으시듯이 부모인 우리도 자녀를 학대해서는 안 된다. 이런 학대를 받고 자랄 때 외로움, 슬픔, 수치심, 두려움과 같은 감정들로 인해 다른 무엇인가를 잡고 의존해서 살 수 있다. 그것이 스마트폰이 될 수도 있고, 게임이나 쇼핑 중독이 될 수도 있으며, 인정받기 위해 열심히 일하는 일중독, 종교 생활에 빠지는 종교 중독으로도 갈 수 있다.

다른 것에 의존하고 중독적인 성향으로 나타나도 예수님을 만나고 그 은혜를 깊이 경험하면 그 의존했던 것에서 떠날 수 있다. 이것이 복음이다. 우리 자신이, 우리 자녀들이 하나님이 아닌 다른 것을 의존하고 그것에 중독되었을 때 예수님의 사랑과 은혜를 경험하게 하자. 주님의 사랑이 우리의 외로움, 슬픔, 두려움, 수치심을 씻기고 주님의 평안과 자유함을 누리게 할 것이다.

1천만 명이 넘는 중독자가 있는 우리나라의 현실을 보면서 우리가 정말 만나야 할 예수님, 우리가 누려야 할 예수님의 은혜가 가정마다 흘러가게 되기를 기도한다. 건강한 나로, 건강한 자녀로 살아가기 위해 학대가 아닌 주님의 사랑이 우리의 삶과 심령에 흘러가도록 은혜의 자리에 서 있자. 지금 있는 그곳에서 예수님의 은혜를 누리자.

Q 남편은 아이를 때리면서 훈계해요. 지금 훈계하지 않으면 제대로 자랄 수 없으니 때려야 한대요. 자기도 아버지에게 맞고 자라서 잘 자란 거라는데, 남편에게 계속 훈육을 맡겨도 될까요?

우진 씨의 자녀 양육 방식은 체벌을 통한 엄한 훈육이다. 자신도 아버지에게 많이 맞으면서 자랐지만 결국엔 잘못된 길로 가지 않고 바른 길로 올 수 있었기에 자녀도 그렇게 훈육해야 한다는 것이다. 체벌은 훈육이 아니다. 체벌은 폭력이나 학대가 될 수 있다. 생각해 보라. 아이가 무슨 일로 그렇게 맞아야 하는가? 합당한 체벌인가? 자신의 상처나 분노로 자녀를 체벌하고 있다면, 그건 분명 폭력이고 학대다.

나는 아내에게, 남편이 아이를 체벌할 때 엄마인 당신은 무얼 하고 있었냐고 물었다. 아내는 그냥 보고 있었다고 했다. 말은 안 했어도 그 또한 동조한 태도다. 말려야 한다. 배우자 중 한 사람이 비상식적이고 비합리적인 이유로 아이에게 체벌을 가하거나 폭언, 폭력을 휘두를 때는 배우자를 말리고 아이를 보호해야 한다. 그것이 부모의 역할이다. 아이는 때리는 부모에 대해서도 원망하는 마음이 생기지만, 자신을 보호해 주지 않는 부모에 대해서도 상처를 받는다. 비상식적인 체벌로부터 자녀를 보호하고 지키라.